チョス360
じ ゜

all about finger food

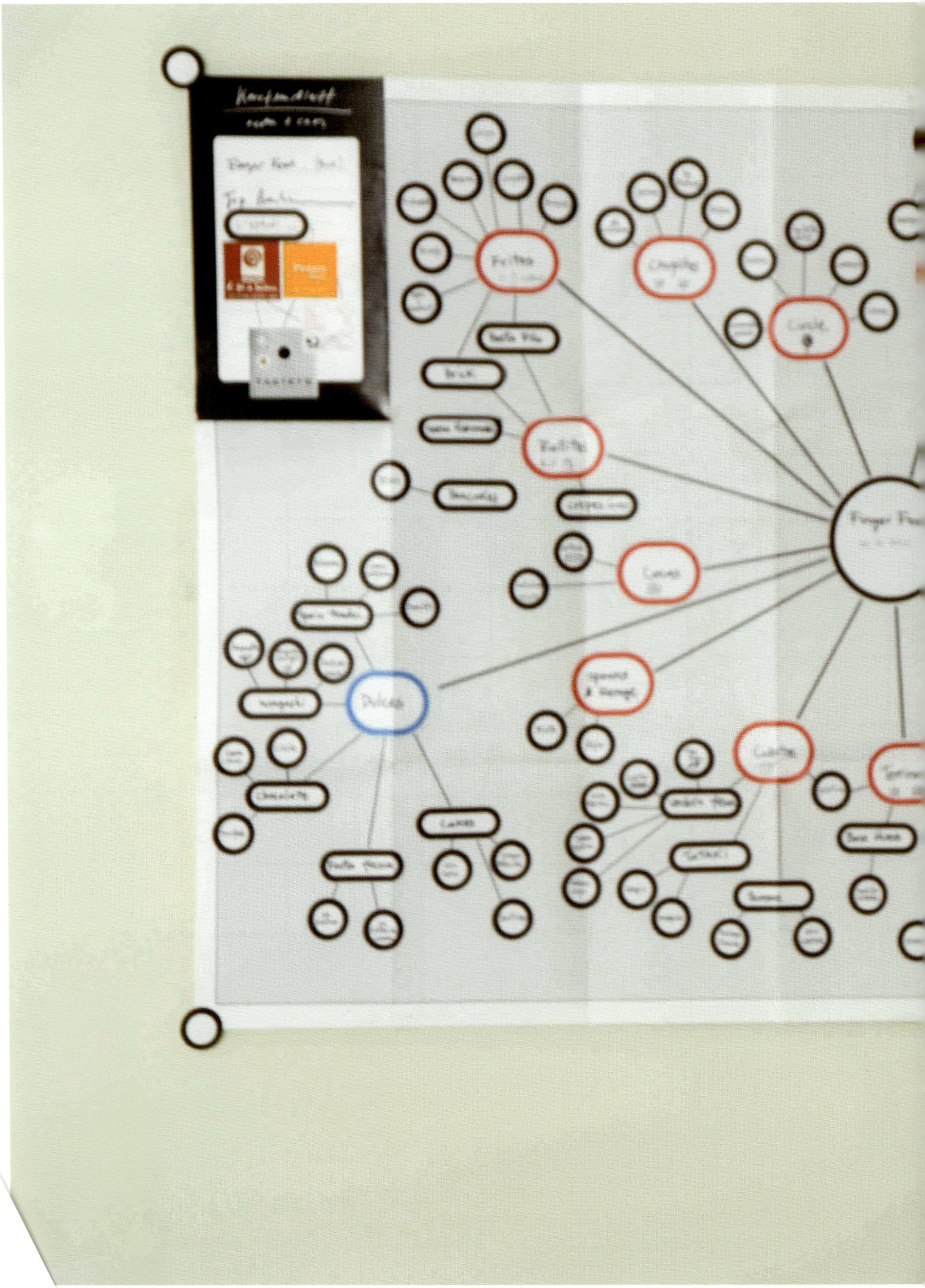
Dulces

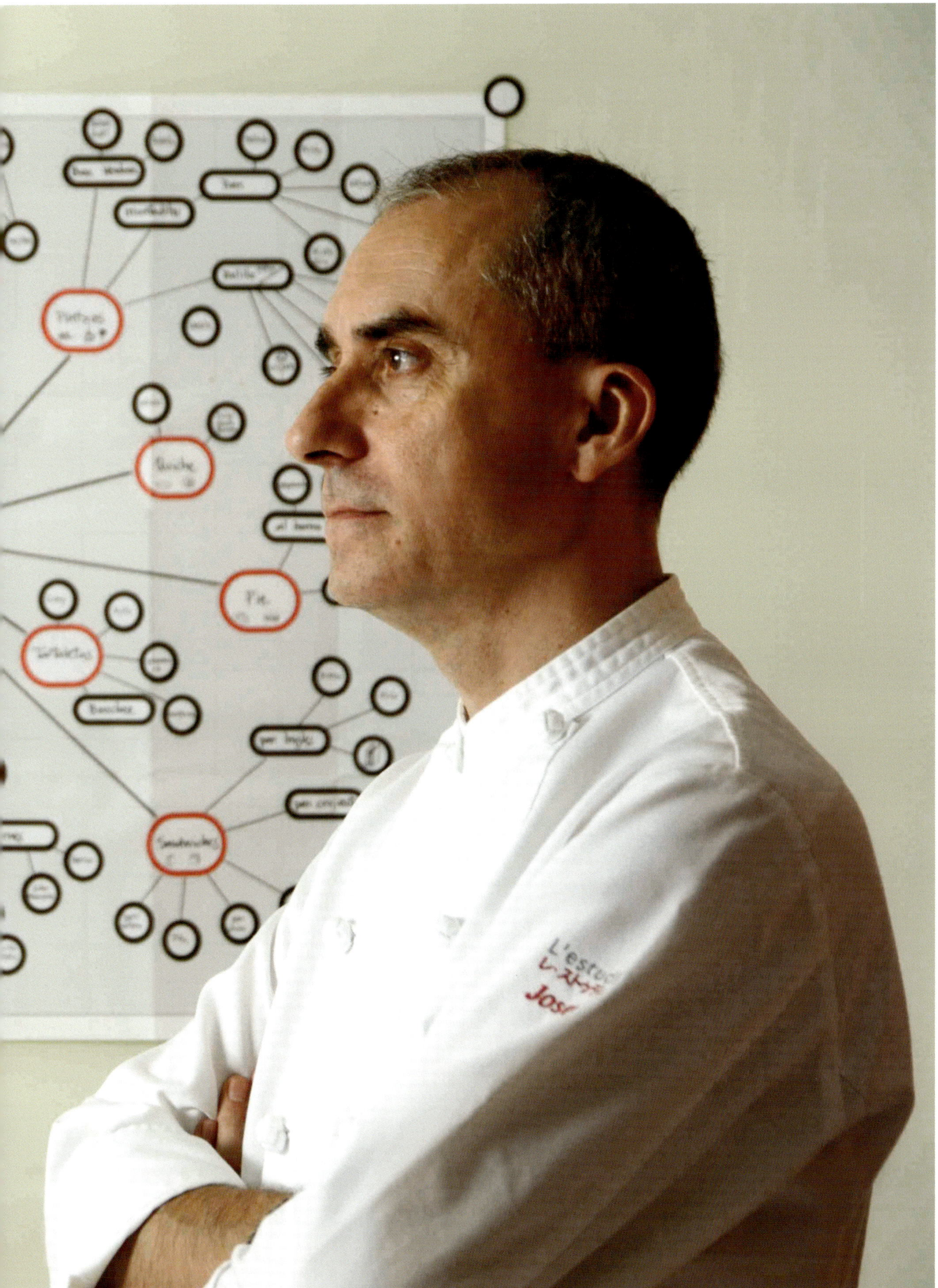

はじめに
—— 全方位オープンなピンチョスワールド

　私は22年前から世界一のグルメキャピタル、東京に住んでいます。食べることが大好きで、地方都市やアジア圏にもよく足を運びますし、個人のお宅に招かれて家庭料理をいただくのも大好き。おいしい体験を重ねるなかで印象に残ったのは、「手でつまむ美食カルチャー」の豊かさでした。アジアはフィンガーフードが豊富なのです。とくに日本。コンビニのから揚げから三ツ星クラスのお鮨まで、食のあらゆる階層にフィンガーフードがあるなんて！　おすしも、焼き鳥も串揚げも、みんなピンチョスではありませんか。

　ピンチョスはスペインのフィンガーフードです。スペインのバルでは、タパス料理やおつまみ素材をバランスよく組み合わせて串に刺したり、ひと切れのパンにのせるのが定番ですが、アレンジは無限大です。もともと、素材にも調理法にも味つけにも決まりはありません。ルールは、フォークやスプーンを使わずに手で食べられること、ひとくちで味のバランスが完成していること、それだけ。もちろんおいしいことが絶対の条件ですけれど。日本に住んでさまざまな味を体験したことで、私のピンチョス観はいっそう自由になりました。外国のピンチョスを取り入れたり、外国料理で気に入った味をピンチョスに変換したり。肉でも魚でも野菜でも、デザートでも。ピンチョスワールドはいくらでも広がっていきます。

　この本で紹介するのは、私のピンチョスワールドです。着席レストランのアミューズやワインバーのおつまみにもなりますが、パーティーシーンでの提供を想定して、スターター的なものからスイーツまで、ピンチョスだけで食事の全コースをカバーできるバラエティを持たせています。素材もいろいろ、調理法もいろいろ、スタイルも国籍もいろいろ。360度全方位オープンにして発想し、自分が好きな味をピンチョスにしました。

ピンチョスの構成には、「決まりはない」と言ったばかりですが、私なりの指針とモットーがあります。

1　パーティーの参加者が、全ピンチョスを1個ずつ食べることを前提として用意。
2　メニューバリエーションの基本形は、野菜オンリー、食べ応えのあるもの、軽い味、インパクトのある味（スパイシーなど）、揚げもの、の5種類。品数が増える場合は、これをベースにふくらませていく。
3　1品のピンチョスには、味をややしっかりめにつける。ひとくちでおいしさに反応できるように。
4　真っ当においしい、王道の味であること。何を食べているのかわからないものは失格。オリジナリティはプレゼンテーションで表現する。
5　外国風味を取り入れる場合は、本来の味を尊重してフュージョンにはしない。自分流の解釈やアクセントが加わるにしても、あくまで伝統を土台に。
6　ピンチョスの生命線はスタイリング。ひと目見て「おいしそう！」「かわいい！」と声があがり、ワクワクするようなものであること。見た目はとても重要で、どんなにおいしくても上にのせたハーブの1枚がしなびているだけでピンチョスとしての魅力がなくなる。

　ピンチョスをつくるのは手間がかかって面倒に見えますが、缶詰食品だけでも充分に魅力的なピンチョスバリエーションをつくることができます。冷蔵庫にある残りもの素材も、存在感あるピンチョスに変身します。おいしいものと人を楽しませることが大好きであれば、誰でもトライできるのがピンチョス。食べるのもつくるのも楽しいのがピンチョスなのです。

ホセ・バラオナ・ビニェス
Josep Barahona Viñes

目次
contents

味を組み立てる　8
composition

表現を展開する　10
presentation

パンだけでもいろいろ　24
bread varieties

これがピンチョス！　12
"solo pintxos!"

 コカでピンチョス　34
 タルトレットを使えば　36
 ブリックでクリスピー　38
 生春巻き　40
 パンもピンチョス　43

この素材、このスタイルで　44
"por temas!"

 とり手羽360°　46
 いただきなす　50
 フォワグラ　52
 貝でピンチョス　54
 根菜ピンチョス　56
 ベジタリアン　58
 骨付き肉はピンチョス　61
 包むピンチョス　62
 居酒屋メニューでいこう　64

スペイン定番タパスをアレンジ 68
classic catalan/spanish tapas → modern pintxos

　パタタ・ブラバ　70
　じゃがいものトルティージャ　72
　コロッケ　74
　ビキニ！　75
　たこのガリシア風　76
　パン・コン・トマテ　78

ピンチョスの新ヒットコンテンツ 80
hot new pintxos ideas

　キッシュ　82
　ディップ　86
　コルテ　94
　スープもピンチョス　98
　棒付きサブレ　102

ほんのスイーツ 106
just a little sweet

　ひとくちのお菓子　108
　パネイェッツ　112

ピンチョスの味のベース 116
component elements

　マヨネーズ　118
　ライトアイオリ　119
　エスカリバーダ　120
　玉ねぎのコンフィ、コンポート、マーマレード　122
　ポテトサラダ　122
　ロメスコソース、バーニャカウダソース　123
　ピンチョスの基本食材　124

つくり方解説 125
recipes

撮影：山家 学
デザイン：モリサキデザイン
協力：佐々木ひろこ
編集：木村真季

味 を 組 み 立 て る
composition

新しいピンチョをつくるときに考えるのは〈味のバランス〉と〈手にとりやすく、食べやすい形〉。身近な材料を使い、スマートに組み合わせて、新鮮な印象に。いちばん大切なのは、ひとくちではっきりとわかるおいしさであること、です。私にとってのベストワンがこのピンチョ。材料は毎日食べてるパン、ありふれたトマトと卵、いつも台所にあるオリーブやアンチョビで、味のバランスは完璧。カリカリ感もみずみずしさもすべて揃ったシンプル＆最強ピンチョです。味の組み立ての究極モデルであり、私のピンチョスのコンセプトを表わしています。

"Jordi"
ジョルディ

① バゲットトースト　toasted baguette
② グリーンオリーブ　chopped green olive
③ うずらのゆで卵　hard-boiled quail egg
④ プチトマト　cherry tomato
⑤ アンチョビ　anchovy
⑥ ケイパー　caper
⑦ アヴォカド　avocado
⑧ ライトアイオリ　light aioli
⑨ エシャロットのみじん切り、ハーブ　chopped shallot, herbs
⑩ EVオリーブ油　extra virgin olive oil

①バゲットトースト
カリカリの歯ごたえと香ばしさ。
台としての安定感。

②グリーンオリーブのみじん切り
旨みのベース。具のクッション。

③うずらのゆで卵
味のボリューム感。クリーミーさ。

④プチトマト
フレッシュ感とみずみずしさ。

⑤アンチョビ
塩気と旨み。

⑥ケイパー
ピンポイントのコク。塩気と酸味。

⑦アヴォカド
ねっとりしたなめらかさ。

⑧ライトアイオリ
クリーミーさ。にんにく風味のアクセント。

⑨エシャロットのみじん切り、ハーブ
シャリシャリ感とさわやかな香り。

表 現 を 展 開 す る
presentation

同じ味の組み合わせを、さまざまなスタイルに展開します。ルールは、①手でつまんで食べられること。②別添えのソースを必要としないこと。③見た目にスマートで魅力的であること。台となるパンをアレンジしたり、巻いたり、包んだり、串で刺したり。ちょっとしたアイディアで味の趣向が変わり、食の場に楽しさが生まれます。

ベーシック

パンのチップではさむ

揚げたパンにのせる	トルティージャで巻く
ライスペーパーで巻く	串に刺す

"solo pintxos!"
これがピンチョス！

escalivada & anchovy
エスカリバーダとアンチョビ

バゲットトースト　toasted baguette
野菜のエスカリバーダ　grilled vegetables
アンチョビ　anchovy
アヴォカド　avocado
EVオリーブ油　extra virgin olive oil

prawn—crab—mayonnaise
えびかにマヨネーズ

バゲットトースト　toasted baguette
ゆでえび　boiled prawn
えび、かに、かにかまのピュレ　purée of boiled prawn, crabmeat, *kanikama*
ライトアイオリ　light aioli

ham & egg
ハム玉子

バゲットトースト　toasted baguette
ハムのマヨネーズあえ　ham with mayonnaise
うずらのゆで卵　hard-boiled quail egg
シブレット　chopped chive

ceviche
セビーチェ

バゲットトースト　toasted baguette
まだいのマリネ　marinated sea bream
枝豆　*edamame*
ハラペーニョ　jalapeno chili
コリアンダーの葉　coriander leaf
ライムの皮　lime peel
小玉ねぎのみじん切り　chopped baby onion
クリスタル塩　crystal salt

chicken liver paté
鶏レバーのパテ

バゲットトースト　toasted baguette
鶏レバーのパテ　chicken liver paté
レーズン　raisin
黒こしょう　black pepper

potato salad & karasumi
ポテサラからすみ

バゲットトースト　toasted baguette
ポテトサラダ　potato salad
からすみのスライス　*bottarga*

marinated mackerel & apple
さばとりんご

りんごのカット　apple
サワークリーム　sour cream
シブレット　chopped chive
しめさば　marinated mackerel
クリスタル塩、黒こしょう　crystal salt, black pepper

marinated salmon
サーモンのマリネ

ライ麦パン　rye bread
マイルドサワークリーム　mild sour cream
サーモンのマリネ　marinated salmon
ディル　dill
クリスタル塩、黒こしょう　crystal salt, black pepper
EVオリーブ油　extra virgin olive oil

oyster frito & "miso-mayo"
かきフライ

バゲットトースト　toasted baguette
みそマヨネーズ　miso mayonnaise
かきフライ　breaded oyster
しょうがのコンフィ　ginger confit
芽ねぎ　chive

squid frito
小いかのフライ

バゲットトースト　toasted baguette
みそマヨネーズ　miso mayonnaise
ひいかのフライ　deep-fried squid
レモンの果肉　lemon flesh
イタリアンパセリ　chopped flat-leaf parsley

iberico ham croquette
イベリコハムのコロッケ

バゲットトースト　toasted baguette
イベリコハムのスライス　iberico ham
ポテトサラダ　potato salad
ライトアイオリ　light aioli
イベリコハム入りコロッケ　croquette with iberico ham

salad pintxo
しゃきしゃき野菜のピンチョ

バゲットトースト　toasted baguette
ピクルス入りアイオリヴィネガー　pickles with light aioli vinegar
アセルガの茎　acelga

marinated kibinago
きびなご

バゲットトースト　toasted baguette
アヴォカド、ポテト、ピスタチオのアイオリあえ　avocado, potato and pistachio with light aioli
きびなごのマリネ　marinated silver-stripe round herring

vinegared boqueron & eggplant
ひこいわしの酢漬けとなす

バゲットトースト　toasted baguette
なすのエスカリバーダ　grilled eggplant
ひこいわしの酢漬け　vinegared fresh anchovy
ライトアイオリ　light aioli
EVオリーブ油　extra virgin olive oil

marinated sardine & red bell pepper
いわしのマリネと赤パプリカ

バゲットトースト　toasted baguette
赤パプリカの甘酢マーマレード　red bell pepper marmalade
いわしのマリネ　marinated sardine
にんにくチップ　garlic chip
シブレット、セルフイユ　chive, chervil

vinegared boqueron & fresh tomato
ひこいわしの酢漬け、トマト風味

バゲットトースト　toasted baguette
トマト　tomato
ひこいわしの酢漬け　vinegared fresh anchovy
シブレット　chopped chive
EVオリーブ油　extra virgin olive oil

whitebait ajillo
しらうおのアヒージョ

バゲットトースト　toasted baguette
しらうおのアヒージョ　sautéed whitebait with garlic
ゆでグリーンアスパラガス　boiled green asparagus
にんにくチップ　garlic chip
イタリアンパセリ　chopped flat-leaf parsley

mussels escabeche
ムール貝のエスカベッシュ

バゲットトースト　toasted baguette
赤パプリカの甘酢マーマレード　red bell pepper marmalade
ムール貝のエスカベッシュ　mussel escabeche
オレガノ　oregano
クリスタル塩　crystal salt

iberico ham & pisto
イベリコハムとピスト

バゲットトースト　toasted baguette
スペイン風野菜の煮込み　vegetable pisto
イベリコハム　iberico ham
ライトアイオリ　light aioli

swordfish adovo
かじきまぐろのアドボ

バゲットトースト　toasted baguette
グレープフルーツのマヨネーズあえ　grapefruit with mayonnaise
かじきまぐろのマリネ揚げ　deep-fried marinated swordfish
ラディッシュ　radish
パプリカパウダー　paprika powder
イタリアンパセリ　chopped flat-leaf parsley

crispy greeneye
めひかりのカリカリ揚げ

バゲットトースト　toasted baguette
ロメスコソース　romesco sauce
アーモンド　almond
めひかりのカダイフ揚げ　kadaif-wrapped greeneye

greeneye frito
めひかりのフライ

バゲットトースト　toasted baguette
赤パプリカの甘酢マーマレード　red bell pepper marmalade
めひかりのフライ　deep-fried greeneye
レモンの果肉　lemon flesh
イタリアンパセリ　chopped flat-leaf parsley

egg frito & pisto
卵のフライとピスト

バゲットトースト　toasted baguette
スペイン風野菜の煮込み　vegetable pisto
うずら卵のフライ　deep-fried quail egg
ミント　mint

ham & pickles
ハムとピクルス

バゲットトースト　toasted baguette
玉ねぎのコンフィ　onion confit
ハム　ham
ミックスピクルス　mixed pickles
芽じそ　*shiso* sprout

white asparagus
ホワイトアスパラガス

バゲットトースト　toasted baguette
ゆで卵　hard-boiled egg
ライトアイオリ　light aioli
ゆでホワイトアスパラガス　boiled white asparagus
アンチョビ　anchovy
ピスタチオ　pistachio
芽ねぎ　chive

sofrito
ソフリート

バゲットトースト　toasted baguette
トマトと玉ねぎのソフリート　sautéed tomato and onion
ポロねぎのフライ　deep-fried leek

boneless chicken wing—green pepper
とり手羽のアヒージョと青とうがらし

バゲットトースト　toasted baguette
玉ねぎのコンフィ　onion confit
甘長とうがらしの素揚げ　deep-fried sweet pepper
鶏のにんにく風味揚げ　garlic chicken
イタリアンパセリ　chopped flat-leaf parsley

soft cheese & orange marmalade
チーズとオレンジマーマレード

バゲットトースト　toasted baguette
ソフトチーズ　soft cheese
オレンジマーマレード　orange marmalade
食用花　edible flower
ヘーゼルナッツ　hazelnut
みず菜　*mizuna*

パンだけでもいろいろ
bread varieties

toasted baguette
薄切りバゲットのロースト

一番スタンダードなピンチョの台。
(細めのバゲットを厚さ5mmに斜め切りする。
天板に並べてオーブンでこんがりと焼く)

bread chip
パンのチップ

食パンに重石をしてオーブンで焼いたチップ。ニュートラルな味のクラッカーとして使える。べたべたしたもの、パンにのせにくいものを2枚のチップで挟めば手にとりやすい。しっかりとした歯ごたえがほしいとき、ディップをつけるときにも。
(8枚切りの食パンを手で挟んでつぶし、好みのサイズにカットする。または抜き型で抜く。天板に並べ、上から天板を重ねて170℃のオーブンで約15分間焼く。取り出してパンを1枚ずつ裏返し、再度天板を重ねて5分間焼く)

soft bread
ソフトパン

サンドイッチ用の薄切り食パン。ミニサンドやホットサンドの「ビキニ」用。

pan frito
パンフリット

こんがり揚げた食パン。ガスパチョに入れるクルトンと同じで、このパンがあることで具のフレッシュ感がいっそう引き立つ。普通のバゲットよりもカリカリの歯ごたえが長持ちするので、パーティーにはとくに重宝。
(8枚切りの食パンの耳を落とし、好みのサイズに切る。または抜き型で抜く。170℃のサラダ油できつね色に揚げ、ペーパーにとってよく油をきる)

biscote
ビスコテ

市販されているパンのスナック。そのままピンチョスの台にできる。

mushroom — iberico ham — parmesan
シャンピニョン、イベリコハム、パルメザン

パンフリット　pan frito
揚げピーマン　deep-fried green pepper
イベリコハム　iberico ham
シャンピニョンのコンフィ、にんにく風味　mashroom confit with garlic
パルメザンチーズ　parmesan cheese

"œuf-mayo"
ウフマヨ

パンフリット　pan frito
マヨネーズ　mayonnaise
ゆで卵の白身　hard-boiled egg white
ツナのマヨネーズあえ　tuna with mayonnaise
ゆで卵黄の裏ごし　egg yolk mimosa

namero
なめろう

パンフリット　pan frito
あじのなめろう　horse mackerel tartar with miso
みょうが　*myoga*
花穂じそ　*shiso* flower
あさつき　chopped chive

bell pepper escalivada
パプリカピーマンのエスカリバーダ

パンフリット　pan frito
揚げピーマン　deep-fried green pepper
パプリカピーマンのエスカリバーダ　grilled bell pepper
イタリアンパセリ　chopped flat-leaf parsley
クリスタル塩　crystal salt
EVオリーブ油　extra virgin olive oil

whitebait scrambled egg
しらすのスクランブルエッグ

パンフリット　pan frito
揚げピーマン　deep-fried green pepper
しらすのスクランブルエッグ　whitebait scrambled egg
あさつき　chopped chive

goat cheese & honey
山羊チーズのはちみつ風味

パンフリット　pan frito
玉ねぎのコンフィ　onion confit
山羊のチーズ　goat cheese
ヘーゼルナッツ　hazelnut
はちみつ　honey

bacalao esqueixada
バカラオのエスケイシャダ

パンフリット　pan frito
黒オリーブのみじん切り　chopped black olive
トマト　tomato
バカラオのエスケイシャダ　bacalao *esqueixada*
玉ねぎのスライス　sliced onion

brandada & bell pepper escalivada
ブランダーダのピーマン巻き

パンフリット　pan frito
バカラオのブランダーダ　bacalao *brandada*
オレンジパプリカのエスカリバーダ　grilled bell pepper
タイム　thyme
EVオリーブ油　extra virgin olive oil
クリスタル塩　crystal salt

prawn rolled in zucchini
えびのズッキーニ巻き

パンフリット　pan frito
えびのアヒージョ　sautéed prawn with garlic
クリームチーズ　cream cheese
ズッキーニ　zucchini
クリスタル塩　crystal salt

sautéed pork belly & spinach
豚ばらソテーとほうれん草

パンフリット　pan frito
玉ねぎのコンフィ　onion confit
ほうれん草のソテー　sautéed spinach
豚ばら肉のソテー　sautéed pork belly
黒こしょう　black pepper

sautéed pork belly & chickpeas
豚ばらソテーとひよこ豆

パンフリット　pan frito
ひよこ豆のサワークリームあえ　chickpea with sour cream
豚ばら肉のソテー　sautéed pork belly

cocido salad
コシードのサラダ風

パンフリット　pan frito
豚ばら肉とひよこ豆　boiled pork belly and chickpea
サワークリーム　sour cream

fresh baby peas
フレッシュベイビーピー

パンフリット　pan frito
スナップえんどう　sugar snap pea
玉ねぎのコンフィ　onion confit
ミント　mint
クリスタル塩　crystal salt
EVオリーブ油　extra virgin olive oil

tomato onion
トマトオニオン

パンフリット　pan frito
ドライトマトのペースト　dried tomato paste
トマトと玉ねぎのソフリート　sautéed tomato and onion

squid & pancetta
いかのパンチェッタ巻き

パンフリット　pan frito
赤パプリカの甘酢マーマレード　red bell pepper marmalade
いかのパンチェッタ巻きソテー　squid rolled in *pancetta*
シブレット　chopped chive
EVオリーブ油　extra virgin olive oil

sardine & red bell pepper terrine
いわしと赤パプリカのテリーヌ

パンフリット　pan frito
黒オリーブのピュレ　black olive purée
いわしのマリネ　marinated sardine
赤パプリカのエスカリバーダ　grilled red bell pepper
黒こしょう　black peppe
クリスタル塩　crystal salt
EVオリーブ油　extra virgin olive oil

squid tartar
いかのタルタル

パンフリット　pan frito
ライトアイオリ　light aioli
いかのタルタル、ケイパー入り　squid tartar with caper
シブレット　chopped chive
クリスタル塩　crystal salt
EVオリーブ油　extra virgin olive oil

roast wagyu—blue cheese—nuts, "Yuji"
和牛のローストビーフ、ブルーチーズとナッツ

パンフリット　pan frito
ブルーチーズ　blue cheese
和牛のロースト　wagyu beef roast
松の実　pine nut
レーズン　raisin
シブレット、セルフイユ　chopped chive, chervil
クリスタル塩　crystal salt
黒こしょう　black pepper

goat cheese & onion marmalade
山羊のチーズと玉ねぎのマーマレード

パンフリット　pan frito
玉ねぎのマーマレード　onion marmalade
山羊のチーズ　goat cheese
灰　ash
芽ねぎ　chopped chive

caviar & blini
キャヴィアとブリニ

ブリニ　blini
キャヴィア　caviar
サワークリーム　sour cream

salmon confit & red cabbage
サーモンのコンフィと紫きゃべつ

パンフリット　pan frito
紫きゃべつのソテー　sautéed red cabagge
サーモンのコンフィ　salmon confit
黒こしょう　black pepper
クリスタル塩　crystal salt

goat cheese macaron
山羊のチーズのマカロン

くるみ風味のマカロン　walnut macaron
山羊のチーズ　goat cheese

scallop pancetta
ほたてのパンチェッタ巻き

パンのチップ　bread chip
ほたてのパンチェッタ巻きソテー　sautéed scallop with *pancetta*

ham & salami mille-feuille
ハムとサラミのミルフイユ

パンのチップ　bread chip
ハム　ham
サルシチョン　*salchichón* salami
クリームチーズ　cream cheese

bacalao bunyols
バカラオのブニュエロ

バカラオ　bacalao
じゃがいも　potato
小麦粉、卵　flour, egg

コカでピンチョス
coca, topped catalan bread

コカとは、薄くのばしたパン生地に具をのせて焼いたものです。カタルーニャ各地にご当地コカがあるのですが、私の故郷レリダのコカは「コカ・デ・レカプテ」。調達物のコカ、という意味で、かつて村で唯一かまどを保有するパン屋に、ある人は焼き野菜を、ある人はいわしの塩漬けを持ち込み、1枚の大きな生地にのせて焼いてもらったことに由来します。伝統的な基本材料——玉ねぎ、焼き野菜、いわしの塩漬け（代わりにアンチョビ）、生ソーセージ——をいろいろなバリエーションで組み合わせ、ピンチョスとして表現してみました。バランスのよい、満足感のあるひとくちです。

black olive — anchovy
黒オリーブとアンチョビのコカ

パンフリット　pan frito
黒オリーブのみじん切り　chopped black olive
赤パプリカのエスカリバーダ　grilled red bell pepper
アンチョビ　anchovy
エシャロットのコンフィ　shallot confit
シブレット、セルフイユ　chive, chervil
EVオリーブ油　extra virgin olive oil
クリスタル塩　crystal salt

anchovy — red bell pepper
アンチョビと赤パプリカのコカ

パンフリット　pan frito
玉ねぎのコンフィ　onion confit
赤パプリカのエスカリバーダ　grilled pepper
アンチョビ　anchovy
ヘーゼルナッツ、ピスタチオ　hazelnut, pistachio
シブレット、セルフイユ　chopped chive, chervil

sardine
いわしのコカ

パンフリット　pan frito
玉ねぎのコンフィ　onion confit
きざみピスタチオと松の実　pistachio and pine nut
赤パプリカのエスカリバーダ　grilled red bell pepper
オイルサーディン　sardine in oil
シブレット　chopped chive
クリスタル塩　crystal salt

shallot confit
エシャロットのコカ

パンフリット　pan frito
玉ねぎのコンフィ　onion confit
エシャロットのコンフィ　shallot confit
タイム　thyme
クリスタル塩　crystal salt
EVオリーブ油　extra virgin olive oil

butifarra
ブティファラのコカ

パンフリット　pan frito
玉ねぎのコンフィ　onion confit
ブティファラソーセージのソテー　sautéed *butifarra* sausage
赤パプリカのエスカリバーダ　grilled red bell pepper
ヘーゼルナッツ、ピスタチオ　hazelnut, pistachio
黒こしょう　black pepper
イタリアンパセリ　chopped flat-leaf parsley
EVオリーブ油　extra virgin olive oil

green olive — hazelnut
グリーンオリーブとナッツのコカ

パンフリット　pan frito
グリーンオリーブのみじん切り　chopped green olive
ヘーゼルナッツ　hazelnut
赤パプリカのエスカリバーダ　grilled red bell pepper
エシャロットのコンフィ　shallot confit
アンチョビ　anchovy
イタリアンパセリ　chopped flat-leaf parsley
EVオリーブ油　extra virgin olive oil

タルトレットを使えば
tartlet

若干汁気のあるもの、パラパラしてパンにのせにくいものは、タルトレットにのせる手があります。もちろんお菓子用の生地ではなく、塩味のほうの生地。ホテルやレストランならふだんからアミューズ用に焼いていると思いますが、市販品にも丸や船形、ここで使ったキューブ形など、いろいろなフォルムやサイズがあります。

pisto & egg
ピスト

タルトレット　tartlet shell
スペイン風野菜の煮込み　vegetable pisto
うずら卵のポーチドエッグ　poached quail egg
シブレット　chopped chive
クリスタル塩　crystal salt
黒こしょう　black pepper

beef tongue stew
牛タンのシチュー

タルトレット　tartlet shell
マッシュポテト　mushed potato
牛タンのシチュー　beef tongue stew
黒こしょう　black pepper

36

padrón pepper frito
パドロン・フリット

タルトレット　tartlet shell
パドロンとうがらしの素揚げ　deep-fried *padrón* green pepper
クリスタル塩　crystal salt

pescaito frito
小魚のフリット

タルトレット　tartlet shell
生しらすのフライ　deep-fried whitebait
マヨネーズ　mayonnaise
シブレット　chopped chive
ライム汁　lime juice

ブリックでクリスピー
crispy brick

パート・ブリックは小麦粉ベースのクレープ状生地で、焼くとカリカリに。何かを「包む」のに便利な生地ですが、他にもこんな使い方ができます。生地を扱う際は、まずぬれタオルをかぶせてしんなりさせると使いやすいはず。ロールにするなら細長くカットしてオリーブ油を筆でぬり、鉄のシリンダーに巻きつけてオーブンで焼きます。オイルをぬって焼くことで、クリスピー感が2倍になってポテトチップのようにカリカリになり、テクスチャーも長持ちします。

prawn & crab crispy roll
えびかにマヨネーズのクリスピー巻き

パート・ブリック　brick pastry
えび、かに、かにかまのピュレ　purée of boiled prawn, crabmeat, *kanikama*

sparerib crispy roll
スペアリブのクリスピー巻き

パート・ブリック　brick pastry
スペアリブのポテサラあえ　roast sparerib meat with potato salad

banana & dried fruits crispy roll, "Kumi"
バナナとドライフルーツのクリスピー巻き

パート・ブリック　brick pastry
バナナ、ドライフルーツ、ナッツ　banana, dried fruits, nuts
黒こしょう　black pepper

apple compôte crispy roll
りんごのコンポートのクリスピー巻き

パート・ブリック　brick pastry
りんごのコンポート　apple compôte
マスタード　mustard

feta mille-feuille
ブリックとチーズのミルフイユ

パート・ブリック　brick pastry
フェタクリーム　feta cheese cream
シブレット　chopped chive

生　春　巻　き
summer roll

私のピンチョスの人気ベストワンは、じつはこれ。生ハム、トマト、アンチョビ…ピンチョス超定番材料を「ベトナム風生春巻き」にしたら大評判になりました。生春巻きの材料のアレンジは意外に簡単で、冷蔵庫の残りものを組み合わせるだけでもオリジナルな感じに仕上がるのがいいんですよね。ここで使った焼き豚、うなぎの蒲焼き、ぽん酢ジュレも市販品です。ソースは別添えにしなくてすむよう、ペースト状のものを一緒に巻き込むようにしています。

"Jordi" summer roll
ジョルディの生春巻き

ライスペーパー　rice paper
生ハム（セラーノ）　serrano ham
トマトとベビーリーフ　tomato, baby leaf
パンフリット　pan frito
ライトアイオリ　light aioli

white jelly fungus summer roll
白きくらげの生春巻き

ライスペーパー　rice paper
白きくらげ　white jelly fungus
だいこん　*daikon* radish
ごまドレッシング　sesame dressing

"una-Q" summer roll
うなきゅうの生春巻き

ライスペーパー　rice paper
うなぎの蒲焼き　eel *kabayaki*
きゅうり　cucumber
蒲焼きのたれ　*kabayaki* glaze
さんしょう粉　*sansho* powder

chicken fillet summer roll
鶏ささ身の生春巻き

ライスペーパー　rice paper
鶏のささ身　boiled chicken fillet
きゅうり、赤玉ねぎ　cucumber, red onion
レタス、コリアンダーの葉　lettuce, coriander leaf
にんにくチップ　garlic chip
ぽん酢ジュレ　*ponzu* jelly

bread salad summer roll
パンのサラダの生春巻き

ライスペーパー　rice paper
パンフリット　pan frito
トマト　tomato
青じそ　green *shiso* leaf
ライトアイオリ　light aioli

roast pork summer roll
焼き豚の生春巻き

ライスペーパー　rice paper
焼き豚　roast pork
サニーレタス　red leaf lettuce
揚げピーナッツ　deep-fried peanut
梅干しはちみつ　*umeboshi* honey paste

パンもピンチョス
mini buns

パンもひとくちサイズにすればピンチョスに。もちもち生地にチーズを練りこんだポンデケージョ（チーズパン）は、生地のテクスチャーと味を楽しむタイプ。プレニャーダ（妊娠という意味！）は、具を包んだパンのことです。スペインだとチョリソを包んだプレニャーダが一般的ですが、日本にはあんぱん、カレーパン、肉まん…と、もともとプレニャーダが豊富ですよね！ ひとくちサイズにしたらみんなピンチョスになります。

prenyada
プレニャーダ

パンの生地　bread dough
ソブラサーダソーセージ　*sobrasada* sausage

paõ de queijo
ポンデケージョ

ポンデケージョの生地　*paõ de queijo* dough
マンチェゴチーズ　manchego cheese

"por temas!"
この素材、このスタイルで

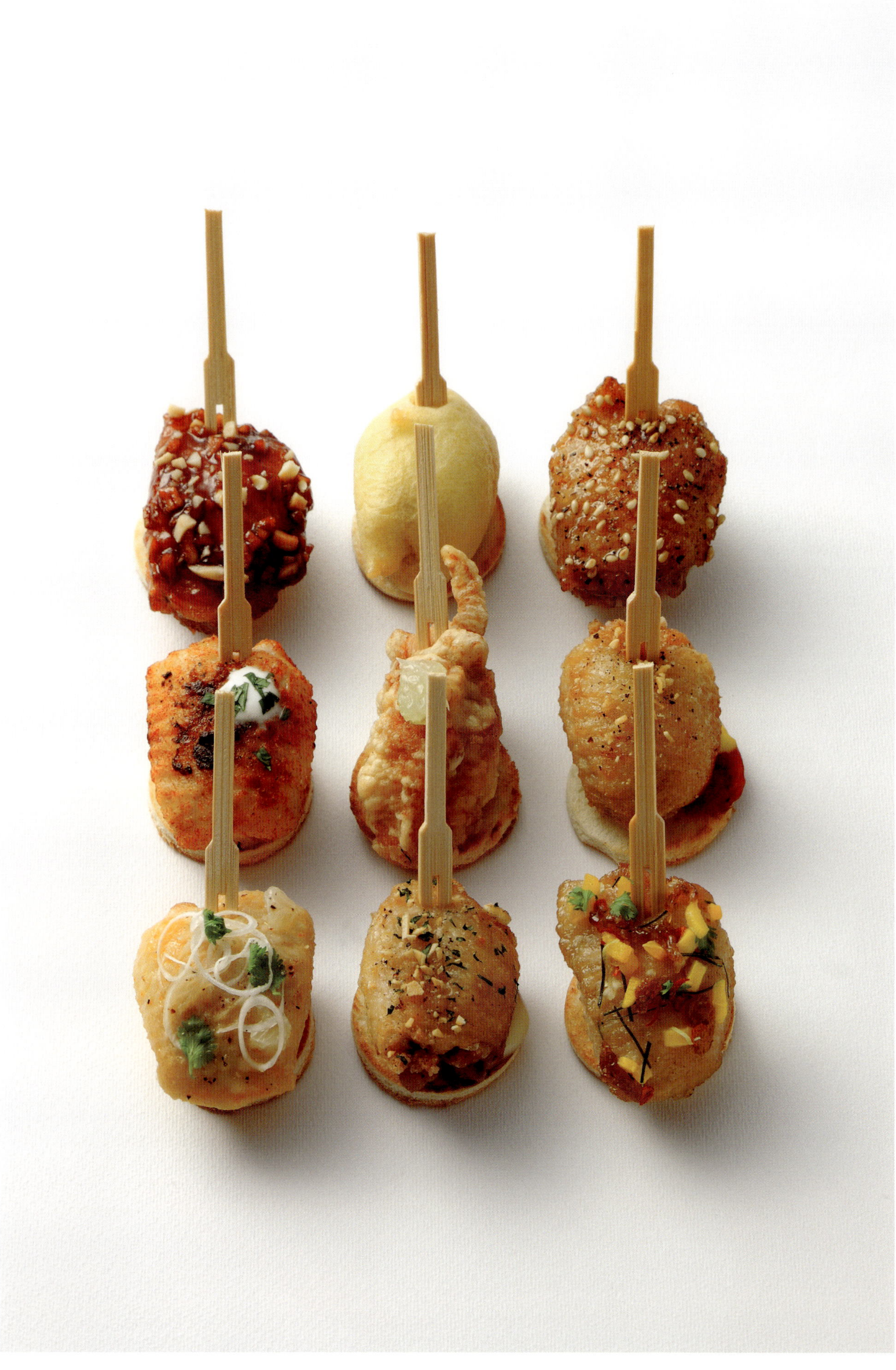

とり手羽３６０°
boneless chicken wings 360°

鶏の手羽の真ん中の部分を使っています。骨をぬいたらピンチョスにぴったりの大きさ。ゼラチン質が多いのでジューシーで、こんがり焼いた皮はクランチー。ひとくちサイズにおいしさが完結していて、なんと言っても安い。世界中にある鶏料理を、手羽を使ってピンチョスにしましょう。串を刺したら小さなローストチキンみたいで、見た目もキュートです。ガレットやバゲットにのせてもいいし、そのままお皿に並べてもいいですよね。

ceviche
セビーチェ風

パンのチップ　bread chip
鶏のセビーチェ　chicken ceviche
グレープフルーツ　grapefruit
コリアンダーの葉、玉ねぎ　coriander leaf, onion
カイエンヌペッパー　cayenne pepper

karaage
から揚げ

パンのチップ　bread chip
鶏のから揚げ　Japanese fried chicken
ライムの果肉　lime flesh

nagoya style
名古屋風

パンのチップ　bread chip
揚げ鶏のテリヤキソースがらめ　fried chicken + *teriyaki* sauce
ごま　sesame seed
黒こしょう　black pepper

beignet
ベニェ

パンのチップ bread chip
鶏のベニェ chicken beignet

tandoori chicken
タンドーリ風

パンのチップ bread chip
鶏のタンドーリ風 tandoori chicken
ヨーグルト yoghurt
コリアンダーの葉 chopped coriander leaf

bang-bang-ji
棒棒鶏

パンのチップ bread chip
鶏のボイル boiled chicken
きゅうり cucumber
バンバンジーソース *bang-bang-ji* sauce

fried chicken
フライドチキン風

パンのチップ bread chip
マスタード mustard
ケチャップ ketchup
フライドチキン fried chicken
にんにくチップ、黒こしょう garlic chip, black pepper

thai style, "Saho"
タイ風

パンのチップ　bread chip
揚げ鶏のタイ風ソースがらめ　fried chicken + Thai style sauce
レーズンとマンゴー　raisin, mango
コブミカン　kaffir lime
レモングラス　lemon glass
乾燥赤とうがらし　red chili pepper

yakitori
炭火焼き

パンのチップ　bread chip
鶏の炭火焼き　charcoal grilled chicken
柚子こしょう　*yuzukosho*
木の芽　*kinome* young pepper leaf

korean style
韓国風味

パンのチップ　bread chip
揚げ鶏のコチュジャンがらめ　fried chicken + *gouchujang* sauce
ピーナッツ　peanut

spanish style
スペイン風

パンのチップ　bread chip
ライトアイオリ　light aioli
鶏のにんにく風味揚げ　garlic chicken
にんにくチップ　garlic chip
イタリアンパセリ　chopped flat-leaf parsley

いただきなす
eggplant

なすのピンチョスって意外ですか？ この野菜がおもしろいのは、調理方法や味つけによってまったく違うものになること。浅漬けすればコリコリに、加熱してしんなりさせたらクリーミーに、香ばしく揚げたらホクホクに。スパイシーでも酸味でも甘辛でも何でもこい。世界中にいろいろななす料理があるということは、ピンチョスへの表現もいろいろってことです。

zaalouk, "Ayumi"
モロッコ風サラダ、ザッルーク

パンフリット　pan frito
なすのスパイシーサラダ　Maroccan spicy eggplant salad
コリアンダーの葉　coriander leaf
イタリアンパセリ　chopped flat-leaf parsley

eggplant & sichuan pepper
四川さんしょうのシャカシャカなす

パンフリット　pan frito
揚げなすのピリ辛仕上げ　crispy and spicy eggplant
四川さんしょう　Sichuan pepper

"ninniku-ya"
"にんにくや"

パンフリット　pan frito
なすのにんにく風味　garlicky eggplant
イタリアンパセリ　chopped flat-leaf parsley

eggplant escalivada
なすのエスカリバーダ

パンフリット　pan frito
なすのエスカリバーダ　grilled eggplant
芽ねぎ　chive
EVオリーブ油　extra virgin olive oil
クリスタル塩　crystal salt

51

フォワグラ
foie gras

フォワグラのテリーヌを使った「ごちそうピンチョス」です。ねっとりとした舌触りをきわだたせるため、歯ごたえと香ばしさのある要素を必ず組み合わせています。ちなみにテリーヌは、マリネしたフォワグラをフライパンでソテーして、それを適当な型に詰めてプレスする、という簡単な方法で仕込んでいます。少量でも手軽につくれ、テリーヌ型を使う必要もありません。

foie gras & dried fruits
フォワグラ＆ドライフルーツ

パンフリット　pan frito
玉ねぎのコンフィ　onion confit
フォワグラのテリーヌ　foie gras terrine
ドライフルーツとナッツ　dried fruits and nuts

foie gras & fruits
フォワグラ＆フルーツ

パンフリット　pan frito
りんご　apple
フォワグラのテリーヌ　foie gras terrine
モスカテル　moscatel
マスカット　muscat grape

foie gras & migas
フォワグラ＆ミガス

インカのめざめ　boiled potato
フォワグラのテリーヌ　foie gras terrine
パンくずのにんにく炒め　garlic bread crumbs

foie gras & grilled vegetables
フォワグラ＆エスカリバーダ

パンフリット　pan frito
野菜のエスカリバーダ　grilled vegetables
フォワグラテリーヌのカラメリゼ　caramelized foie gras terrine
黒こしょう、クリスタル塩　black pepper, crystal salt

foie gras & red bell pepper
フォワグラ＆ 赤パプリカ

パンフリット　pan frito
フォワグラのテリーヌ　foie gras terrine
赤パプリカの甘酢マーマレード　bell pepper marmalade
ブロッコリスプラウト　broccoli sprout
EVオリーブ油　extra virgin olive oil

foie gras & avocado
フォワグラ＆アヴォカド

パンフリット　pan frito
アヴォカド　avocado
フォワグラのテリーヌ　foie gras terrine
マヨネーズ、芽ねぎ　mayonnaise, chive
クリスタル塩　crystal salt
EVオリーブ油　extra virgin olive oil

foie gras macaron
フォワグラのマカロン

ぶどう風味のマカロン　grape macaron
フォワグラのテリーヌ　foie gras terrine

貝でピンチョス
shellfish

貝をピンチョスにしてみたら？　ムールやはまぐりやさざえのような、大きすぎず小さすぎずの貝を使い、殻を小さなお皿代わりにすれば、グラタン、コロッケ、エスカベッシュ…と、いろいろな表現ができます。殻を手でつまんでするっと食べられることが条件。どの貝も、あらかじめ火入れして殻から身をはずし、それからマリネしたり、グラタンや揚げものにしています。

mussel escabeche
ムール貝のエスカベッシュ

ムール貝のエスカベッシュ　　mussel escabeche
野菜の極小ダイス　　fine dice mixed vegetables

mussel miso-gratin
ムール貝の白みそグラタン

ムール貝　mussel
ほうれん草のソテー　sautéed spinach
白みそ　white sweet miso

clam cava-gratin
はまぐりのカバ風味グラタン

はまぐり　clam
カバ入りベシャメルソース　béchamel sauce with cava

mussel & seaweed
ムール貝の海藻サラダ

ムール貝　mussel
ムール貝のだし　mussel stock
海藻ミックス　mixed seaweeds
ぽん酢ジュレ　ponzu jelly

burgundy turban shell
さざえのブルゴーニュ風

さざえ　turban shell
ガーリックバター　garlic butter
パンフリット　pan frito

tiger
タイガー

ムール貝のコロッケ　mussel croquette

55

根 菜 ピ ン チ ョ ス
root vegetables

ピンチョスは味が濃いものが多くなりがちなので、ニュートラルな味の根菜ピンチョスがあると、ほどよいワンクッションになります。いろいろな根菜をゆでてスライスして重ねて串を刺すだけで、かわいいカラフルピンチョスに。串がすっと入り、しかも抜けない状態にするには、皮付きのまま低温で長時間かけてゆでることが肝心です。塩味の強いソースを少量つけて、根菜の自然な甘さを引き立てます。

mosaic
根菜のモザイク

根菜のトルティージャ　root vegetables tortilla
バーニャカウダソース　bagna càuda sauce
みず菜　*mizuna*

root vegitables mille-feuille A
根菜のミルフイユ A

だいこん　*daikon* radish
にんじん　carrot
さつまいも　sweet potato
紫いも　purple sweet potato
ビーツ　beetroot
バーニャカウダソース　bagna càuda sauce
セルフイユ　chervil

root vegitables mille-feuille B
根菜のミルフイユ B

だいこん　*daikon* radish
にんじん　carrot
紫いも　purple sweet potato
ビーツ　beetroot
バーニャカウダソース　bagna càuda sauce
ブロッコリスプラウト　broccoli sprout

root vegitables mille-feuille C
根菜のミルフイユ C

だいこん　*daikon* radish
にんじん　carrot
さつまいも　sweet potato
バーニャカウダソース　bagna càuda sauce
みず菜　*mizuna*

root vegitables mille-feuille D
根菜のミルフイユ D

だいこん　*daikon* radish
紫いも　purple sweet potato
ビーツ　beetroot
バーニャカウダソース　bagna càuda sauce
みず菜　*mizuna*

ベジタリアン
more vegetables!

野菜のピンチョスはパーティーの人気者です。いつものスティック野菜もカットのしかた、組み合わせ、プレゼンテーションの工夫で、ベリーキュートに。みずみずしさを損ねないよう、よく切れる包丁かスライサーでシャープに切ることがポイントです。野菜は味が薄いので、少量でもインパクトのある濃い印象のソースをつけます。

spicy daikon cubes
スパイスだいこんピンチョ

梅干し、芽ねぎ　*umeboshi,* chive
赤みそ、あられ　red miso, rice cracker
ゆずこしょう、木の芽　*yuzukosho, kinome* young pepper leaf
ワカモレ、アンチョビ、芽ねぎ　guacamole, anchovy, chive
ライトアイオリ、にんにくチップ　light aioli, garlic chip
ロメスコソース、セルフイユ　romesco sauce, chervil

peace boat
ピースボート

スナップえんどう　sugar snap pea
ライトアイオリ　light aioli
芽ねぎ、セルフイユ、ブロッコリスプラウト　chive, chervil, broccoli sprout

daikon bagna càuda
だいこんバーニャカウダ

だいこん　daikon radish
バーニャカウダソース　bagna càuda sauce

vegetable bouquet A
野菜のブーケ A

だいこんのリボン　*daikon* radish ribbon
野菜スティック　stick vegetables
梅干しマヨネーズ　*umeboshi* mayonnaise
穂じそ　*shiso* flower with seed pods

vegetable bouquet B
野菜のブーケ B

にんじんのリボン　carrot ribbon
野菜スティック　stick vegetables
バーニャカウダソース　bagna càuda sauce
セルフイユ　chervil

cucumber bouquet
きゅうりのブーケ

だいこんのリボン　*daikon* radish ribbon
きゅうりのスティック　stick cucumber
アンチョビのみじん切り　chopped anchovy
芽ねぎ　chive
EVオリーブ油　extra virgin olive oil

caprese
カプレーゼ

ミニトマト　cherry tomato
バジル　basil
モッツァレッラ　mozzarella cheese
EVオリーブ油　extra virgin olive oil
クリスタル塩　crystal salt

骨付き肉はピンチョス
cutlets

パン粉揚げは、冷めてもおいしいのでピンチョスに向いています。日本の串揚げはまさにピンチョスですよね。ラムチョップの骨周りをきれいに掃除してパン粉揚げしたら、天然ピンチョスに。パン粉のかわりにアーモンドを使うなど、工夫もいろいろできそう。骨付きラム背肉はできるだけ小さいサイズを使います。ソースを別添えする必要がないよう、肉はタイムとにんにくでしっかりとマリネしてから揚げています。

breaded lamb chop
ラムチョップのパン粉揚げ

ライトアイオリ　light aioli
タイム　thyme

breaded rabbit chop
うさぎチョップのパン粉揚げ

パンフリット　pan frito
ポロねぎの炒め　sautéed leek
マスタードとライトアイオリ　mustard, light aioli

包 む ピ ン チ ョ ス
dumplings

スペインのエンパナディージャ、インドのサモサ、春巻きなど、薄い生地で料理を包んで焼いたり揚げたりしたものは、ピンチョスにアレンジしやすいグループです。外はカリカリ、中はクリーミーという対比がポイントですから、具はできるだけやわらかく、そしてジャストひとくちで食べられるミニサイズにつくります。少量でも印象に残るよう、味つけはしっかりと。ときにはスパイシーさでパンチをつけます。

mini tuna pie
ツナのエンパナディージャ

エンパナディージャ生地　empanadilla dough
野菜の煮込みとツナ＋グリーンオリーブ＋ゆで卵
　vegetables with canned tuna + green olive + hard-boiled egg

mini salmon pie
サーモンのエンパナディージャ

わんたん皮　wonton wrapper
サーモン＋クリームチーズ＋サワークリーム
　salmon + cream cheese + sour cream

cheese & leek hatillo
チーズとポロねぎのアティージョ

パート・ブリック　brick pastry
ポロねぎのコンフィ＋えび＋クリームチーズ
　leek confit + prawn + cream cheese

potato samosa
ポテトのサモサ

パート・ブリック　brick pastry
マサラ風味のポテトサラダ　potato salad with *masala* spices

cheese samosa
チーズのサモサ

パート・ブリック　brick pastry
フェタチーズ ＋ アーモンド ＋ コリアンダー
feta cheese + almond + coriander leaf

spring roll
春巻き

春巻きの皮　spring roll wrapper
豚肉のフィリング　pork filling
マスタードとライトアイオリ　mustard, light aioli

cheese spring roll
チーズの春巻き

春巻きの皮　spring roll wrapper
マンチェゴクリーム　manchego cheese cream
アンチョビ　anchovy
グリーンオリーブ　green olive
セルフイユ　chervil

居酒屋メニューでいこう
izakaya menu

日本の居酒屋は、今や外国人にとってあこがれの的です。ベースは日本の食文化、そこに世界中の味を上手に取り入れて、おいしくて、しかも安い。ここで紹介するのは、私がイメージする「居酒屋メニュー」のピンチョス。家庭の冷蔵庫にあるような普通の食材を使い、ちょっとだけアイディアをふりかけてみました。

chicken & "ume-mayo"
鶏の梅マヨネーズ

パンフリット　pan frito
梅干しマヨネーズ　*umeboshi* mayonnaise
鶏ささ身のピスタチオまぶし　chicken fillet, pistachio

daikon & mentaiko
明太子だいこん

パンフリット　pan frito
だいこんの明太子あえ　*daikon* radish with *mentaiko*
芽ねぎ　chive

nanban hamburger
南蛮ハンバーグ

パンフリット　pan frito
タルタルソース　tartar sauce
揚げチキンハンバーグ　deep-fried chicken hamburger
南蛮ソース　*nanban* sweet and sour sauce

tofu & onion tart
玉ねぎのタルト

パンフリット　pan frito
豆腐のプレス　pressed tofu
玉ねぎのカラメリゼ　caramelized onion

fish hamburger
魚ハンバーグ

パンフリット　pan frito
梅干しマヨネーズ　*umeboshi* mayonnaise
魚のハンバーグ　fish hamburger
イタリアンパセリ　chopped flat-leaf parsley

white asparagus & "mentai-mayo"
ホワイトアスパラと明太マヨ

パンフリット　*pan frito*
明太子マヨネーズ　*mentaiko* mayonnaise
ホワイトアスパラガス　boiled white asparagus

macaroni salad
マカロニサラダ

パンフリット　*pan frito*
ハム　boiled ham
マカロニサラダ　macaroni with mayonnaise
黒こしょう　black pepper

radish & mentaiko
ラディッシュ明太子

パンフリット　*pan frito*
あぶり明太子　broiled *mentaiko*
ラディッシュのマヨネーズあえ　radish with mayonnaise

crispy sardine
サーディンのぱりぱり揚げ

パート・ブリック　brick pastry
オイルサーディン　sardine in oil
クリームチーズ　cream cheese
木の芽　*kinome* young pepper leaf

66

crispy salmon dumpling
サーモン中落ちの揚げわんたん

パンのチップ　bread chip
レタスのわさびマヨネーズあえ　lettuce with wasabi mayonnaise
サーモン中落ちの揚げわんたん　deep-fried salmon dumpling

shime-saba onigiri
しめさばのおにぎり

しめさば入りおにぎり　rice ball with marinated mackerel
ケイパー　caper
青じそ　green *shiso* leaf

iberico ham yaki-onigiri
イベリコ焼きおにぎり

イベリコハム入り焼きおにぎり　toasted rice ball with iberico ham

classic catalan/spanish tapas → modern pintxos
スペイン定番タパスをアレンジ

パ タ タ ・ ブ ラ バ
patata brava, fried potatoes with spicy sauce

パタタ・ブラバは、ポテトフライに真っ赤なスパイシーソースをつけた、スペインのポピュラータパスです。第2のソースとしてアイオリを添えるのは、私の地元カタルーニャ風。バルではじゃがいもをざくざく切って揚げるだけですが、ピンチョスパーティー用にスマートなフォルムにしました。いったんゆでてから揚げることで、きれいに色づきます。いもの種類を変えたり、第2ソースにバリエーションをもたせて、さらにオシャレに。

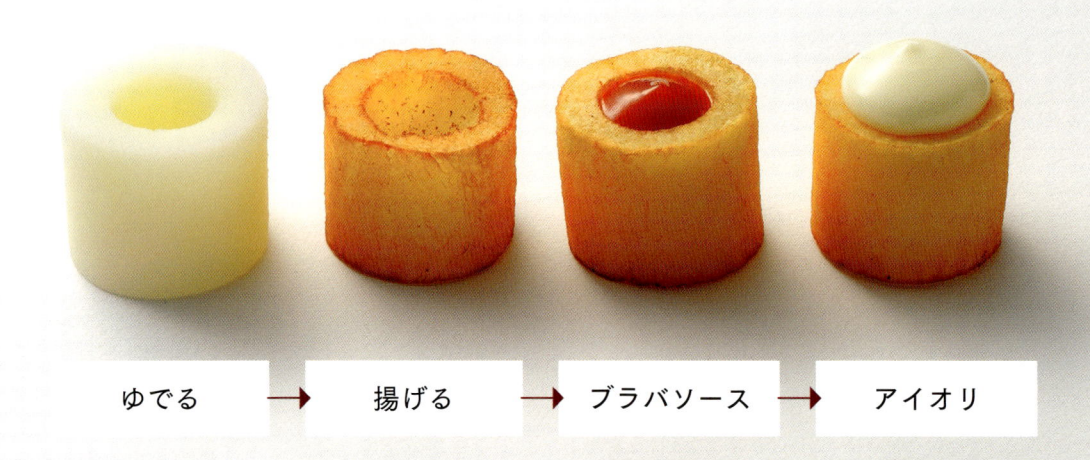

ゆでる ➡ 揚げる ➡ ブラバソース ➡ アイオリ

with aioli
アイオリ添え

じゃがいも　　fried potato
ブラバソース　　spicy *brava* sauce
ライトアイオリ　　light aioli

with guacamole
ワカモレ添え

じゃがいも　　fried potato
ブラバソース　　spicy *brava* sauce
ワカモレ　　guacamole

purple patata brava
紫いものパタタ・ブラバ

紫いも　　fried purple sweet potato
ブラバソース　　spicy *brava* sauce
梅干しマヨネーズ　　*umeboshi* mayonnaise
ブロッコリスプラウト　　broccoli sprout

じゃがいものトルティージャ
tortilla de patata, spanish omelets

スペイン人が100人いたら100通りのじゃがいものトルティージャ（スパニッシュオムレツ）があります。私のトルティージャのモットーは「まずポテトのおいしさありき」。じゃがいもを油の中でゆっくり加熱してコンフィにし、熱いうちに卵液とあわせ、フライパンに流して手早く形をつくります。ピンチョスにするなら生地に生クリームを加え、型に流してオーブンへ。しっかりと形を保つことが大前提ですが、カチカチに固いトルティージャは魅力がないですよね。このつくり方なら厚みは充分、形はしっかり、しかもふんわりソフトに仕上がります。

tortilla de patata
じゃがいものトルティージャ

じゃがいも　potato
卵　egg
生クリーム　fresh cream

with zucchini
ズッキーニ入り

じゃがいもとズッキーニのトルティージャ　tortilla de patatas with zucchini
ライトアイオリ　light aioli

tortilla mille-feuille
ミルフイユスタイル

パンフリット　pan frito
ミルフイユ仕立てのトルティージャ　tortilla mille-feuille
クリスタル塩、白こしょう　crystal salt, white pepper
EVオリーブ油　extra virgin olive oil

コロッケ
croquettes

スペインの「コロッケ」はベシャメルベースのクリームコロッケで、日本はマッシュポテトを使ったポテトコロッケ。スペインではきめの細かいパン粉を使うので表面がすべすべ、日本は粗いパン粉を使うので表面がカリカリ。どちらのタイプもおいしいですよね。日本式ポテトコロッケにはウスターソースが欠かせませんが、ピンチョスにするときはソースはつけないので、具にしっかりと味つけをします。

iberico ham croquette
イベリコハムのコロッケ

ベシャメルソース　béchamel sauce
イベリコハム　iberico ham

chicken croquette
チキンコロッケ

マッシュポテ　mushed potato
鶏肉　chicken

ビ キ ニ ！
bikini, toasted sandwiches

ハムとチーズを挟んだトーストサンドのことです。なんでビキニ？ ハムとチーズの「ツーピース two-piece」だから。チーズ＋何か、という2種類の組み合わせであればアレンジはいかようにも！ チーズがとろけるところがポイントです。ひとくちサイズにカットして、スマートにプレゼンテーション。

iberico ham bikini
イベリコハムのビキニ

食パン　soft sandwich bread
ガーリックバター　garlic butter
イベリコハム　iberico ham
モッツァレッラ　mozzarella cheese

salmon bikini
サーモンのビキニ

食パン　soft sandwich bread
ガーリックバター　garlic butter
スモークサーモン　smoked salmon
サワークリーム　sour cream

たこのガリシア風
pulpo a feira, galician octopus

やわらかくゆでたたこにオリーブ油、パプリカパウダー、塩をかけたバルでおなじみのタパスです。本場ガリシアでは添えないそうですが、スペイン一般で必ず添えるじゃがいもをピンチョスの「台」にしました。たこにはパンが合わないので、ここでは使いません。たこは生温かいくらいがもっとも香りを楽しめますが、冷めてもOK。ソースやガーニッシュにも変化をつけてみました。

pulpo a feira with "miso-mayo"
たこのガリシア風、みそマヨで

ゆでだこ　boiled octopus
ゆでじゃがいも　boiled potato
みそマヨネーズ　miso mayonnaise
パプリカパウダー　paprika powder
クリスタル塩　crystal salt
EVオリーブ油　extra virgin olive oil

with pickles
ピクルス添え

ピクルス　pickles
ライトアイオリ　light aioli
セルフイユ　chervil
クリスタル塩　crystal salt

with romesco sauce
ロメスコ風味

ロメスコソース　romesco sauce
ライトアイオリ　light aioli
パプリカパウダー　paprika powder
イタリアンパセリ　chopped flat-leaf parsley

with avocado & nuts
アヴォカド&ナッツ添え

アヴォカド　avocado
ヘーゼルナッツとピスタチオ　hazelnut, pistachio
ライトアイオリ　light aioli
クリスタル塩　crystal salt

パン・コン・トマテ
pan con tomate, bread with tomato

パン・コン・トマテはトーストにトマトの果肉をぬったものです。カタルーニャ地方のシンボルというべき食べもので、カタルーニャ人にとっては朝昼晩の食卓に欠かせません。おいしさのポイントはただひとつ、生のトマトを使うこと。フレッシュなトマトの香りが大切なのです。ただし、時間がたつとパンに水分がしみてしまうので、ピンチョスにするなら直前に用意しましょう。トマトの果汁をこした透明なリキッドをゼリーにするのもアイディアのひとつ。パーティーで提供しやすくなります。

"pa amb tomata"
カタルーニャ・トラディショナル

バゲットトースト　toasted baguette
トマト　tomato
クリスタル塩　crystal salt
EVオリーブ油　extra virgin olive oil

party
こんな形もかわいい？

バゲットトースト　toasted baguette
トマト　tomato
クリスタル塩　crystal salt
EVオリーブ油　extra virgin olive oil

with iberico ham
生ハムをのせて

バゲットトースト　toasted baguette
トマト　tomato
イベリコハム　iberico ham
EVオリーブ油　extra virgin olive oil

crunchy bite
こんがりカリカリ

パンフリット　pan frito
トマト　tomato
イベリコハム　iberico ham

with tomato jelly cube
トマトのゼリーキューブ添え

パンフリット　pan frito
トマトウオーターのゼリー　tomato water jelly
イベリコハム　iberico ham

hot new pintxos ideas
ピンチョスの新ヒットコンテンツ

キッシュ
quiches

チーズ関係の「とろけもの」は冷めると残念なのに、卵料理は冷めてもおいしい。だからキッシュはパーティーフードに向いています。私のピンチョスキッシュは、ミニタルトに具をのせ、すき間を埋める程度のアパレイユ（卵ベース）を流してオーブンで焼いたもの。標準サイズのキッシュに比べると卵の比率はずっと少ないので、スピーディーに焼け、食べた印象はサクッと軽快。具は「パイ生地に合う」ものであれば何でもいけるので、バリエーションがいくらでも広がるところも、ピンチョス的です。

bacon & onion
ベーコンと玉ねぎ

タルトレット　tartret shell
アパレイユ　custard mixture
玉ねぎのコンフィ　onion confit
ベーコン　bacon

catalana
カタラナ

ほうれん草のソテー　sautéed spinach
松の実　pine nut
レーズン　raisin

chive & onion
あさつきと玉ねぎ

玉ねぎのコンフィ　onion confit
あさつき　chopped chive

salmon & sour cream
サーモンとサワークリーム

サワークリーム　sour cream
サーモンのマリネ　marinated salmon
ディル　dill

chorizo
チョリソ

チョリソのみじん切り　chopped *chorizo* sausage

anchovy & green olive
アンチョビとグリーンオリーブ

グリーンオリーブ　green olive
アンチョビ　anchovy

cocido
コシード

玉ねぎのコンフィ　onion confit
パンチェッタ　pancetta
チョリソ　*chorizo* sausage
ひよこ豆　chickpea

83

genovese
ジェノヴェーゼ

バジルと松の実のペースト　basil paste with pine nut
松の実　pine nut

onion marmalade
玉ねぎのマーマレード

玉ねぎのマーマレード　onion marmalade

dried tomato
ドライトマト

ドライトマトペースト　dried tomato paste
ドライトマト　dried tomato

grilled red bell pepper
赤パプリカのエスカリバーダ

赤パプリカのエスカリバーダ　grilled red bell pepper

feta & macadamia nut
フェタチーズとマカデミアナッツ

フェタチーズ　feta cheese
マカデミアナッツ　macadamia nut

quince marmalade & cheese
かりんのマーマレードとチーズ

かりんのマーマレード　quince marmalade
ソフトな牛乳チーズ　soft cow's milk cheese
ピスタチオ　pistachio

prawn ajillo
えびのアヒージョ

えびのアヒージョ　sautéed prawn with garlic
シブレット　chopped chive

ディップ
dips

ディップをテーマにしたピンチョスはいかがですか？ディップ自体はとても簡単で、クリームチーズに「何か」を合わせるだけ。何かとはたとえば、アンチョビやからすみのような味や旨みの濃いもの、ナッツや枝豆のようにチーズと合うもの…と考えていくと、アイディアは無限に出てきます。ディップにバラエティをつけるのも楽しいし、野菜にバラエティをもたせるのも楽しい。もっともシンプルなピンチョスなのに、プレゼンテーション効果は相当なものです。野菜のカッティングを工夫するだけでパーティーがはなやかに、バーのおつまみもぐっとシックになります。

corn + pink pepper cream cheese
とうもろこし＋ピンクペッパークリームチーズ

fava bean + wasabi cream cheese
空豆＋わさびクリームチーズ

strawberry + cream cheese + sichuan peppercorn
いちご＋クリームチーズ＋花椒

radish + black olive soil
ラディッシュ＋黒オリーブの土

purple sweet potato + umeboshi cream cheese
紫いも＋梅干しクリームチーズ

クリームチーズにこれをプラス
cream cheese plus …

揚げなす　deep-fried eggplant

食べるラー油　spicy XO sauce

赤みそ　red miso

ミックスハーブ　mixed herb

青じそ　green *shiso* leaf

赤パプリカ　red bell pepper

ごま　sesame seed

鶏レバーのパテ　chicken liver paté

枝豆　*edamame*

ブルーチーズとハチミツ　blue cheese, honey

ヘーゼルナッツ　hezelnut

白みそ　sweet white miso

辛いチョリソ　hot *chorizo* sausage	りんごとセロリ　apple & celery	ドライトマト　dried tomato
かぼちゃ　pumpkin	からすみ　*bottarga*	アンチョビとケイパー　anchovy & caper
いかの塩辛　squid *shiokara*	イベリコハム　iberico ham	濃縮ぽん酢　*ponzu* reduction
梅干し　*umeboshi*	にんにくチップ　garlic chip	黒オリーブ　black olive

potato + caper dip + anchovy
じゃがいも ＋ ケイパーディップ
＋ アンチョビ

grilled cucumber + wasabi dip
焼ききゅうり ＋ わさびディップ

radish + spicy XO sauce dip
ラディッシュ ＋ 食べるラー油ディップ

myoga + red miso dip
みょうが ＋ 赤みそディップ

yanaka ginger + white miso dip
谷中生姜 ＋ 白みそディップ

carrot + hazelnut dip
にんじん ＋ ヘーゼルナッツディップ

cucumber + red miso dip
きゅうり ＋ 赤みそディップ

turnip + squid shiokara dip
かぶ ＋ いかの塩辛ディップ

radicchio + bottarga dip
アンディーヴ ＋ からすみディップ

fig + sweet white miso dip
いちじく＋白みそディップ

potato + ponzu reduction dip
じゃがいも＋濃縮ぽん酢ディップ

cherry tomato + green shiso leaf dip
プチトマト＋青じそディップ

celery + sesame dip
セロリ＋ごまディップ

vegetable cube + red miso dip
野菜のキューブ＋赤みそディップ

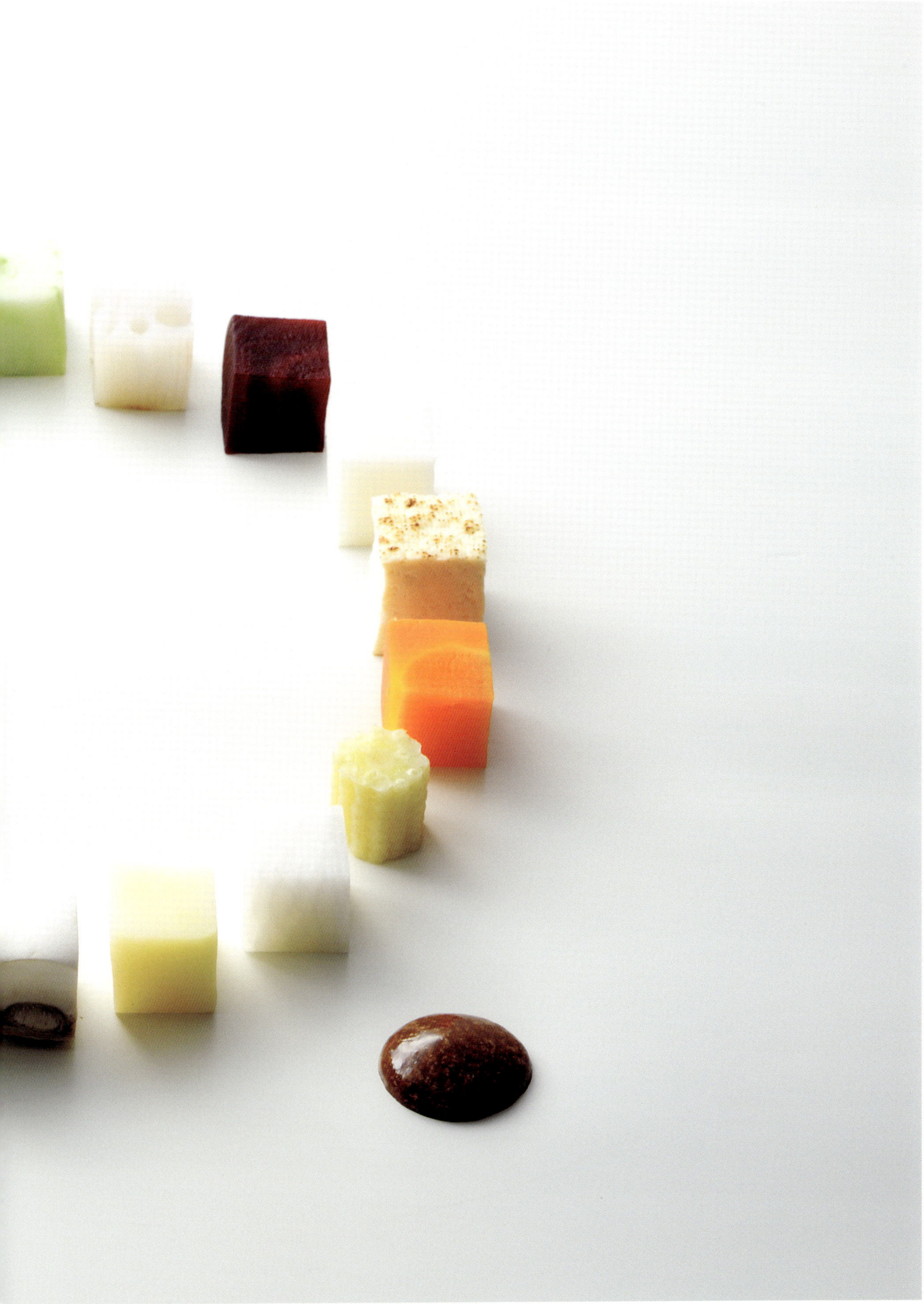

コルテ
corte

スペインでは、アイスクリームを2枚のガレットで両サイドから挟んだものを「コルテ」とよびます。食パンをプレスして焼いた小さなチップでディップを挟み、ミニコルテにしてみました。上下で挟むより、両サイドから挟むほうがつまみやすいし、見た目も新鮮です。小さなクラッカーやお煎餅でも両サイドからディップを挟めば、コルテに。プレゼンテーションの提案です。

red bell pepper dip corte
赤パプリカディップのコルテ

パンのチップ　bread chip
赤パプリカのエスカリバーダ　grilled red bell pepper
クリームチーズ　cream cheese

iberico ham dip corte
イベリコハムディップのコルテ

パンのチップ　bread chip
イベリコハムクリームチーズ　iberico ham cream cheese

edamame dip corte
枝豆ディップのコルテ

パンのチップ　bread chip
枝豆クリームチーズ　*edamame* cream cheese

apple & blue cheese corte
りんごとブルーチーズのコルテ

りんご　apple
マイルドブルーチーズ　mild blue cheese
はちみつ　honey

fried eggplant dip corte
揚げなすディップのコルテ

パンのチップ　bread chip
揚げなすクリームチーズ　fried eggplant cream cheese

black olive dip & garlic dip corte
黒オリーブとガーリックのダブルコルテ

パンのチップ　bread chip
黒オリーブクリームチーズ　black olive cream cheese
にんにくチップクリームチーズ　garlic chip cream cheese

apple & celery dip corte
りんごとセロリクリームのコルテ

パンのチップ　bread chip
りんごとセロリ入りクリームチーズ　apple and celery cream cheese

hot chorizo dip corte
辛いチョリソディップのコルテ

パンのチップ　bread chip
チョリソクリームチーズ　chorizo cream cheese

dried tomato dip & herbs dip corte
ドライトマトとハーブのダブルコルテ

パンのチップ　bread chip
ドライトマトクリームチーズ　dried tomato cream cheese
ミックスハーブクリームチーズ　mixed herbs cream cheese

chicken liver dip corte
鶏レバーディップのコルテ

パンのチップ　bread chip
鶏レバーのパテ　chicken liver paté
クリームチーズ　cream cheese
黒こしょう　black pepper
クリスタル塩　crystal salt

pumpkin dip corte
かぼちゃディップのコルテ

パンのチップ　bread chip
かぼちゃクリームチーズ　pumpkin cream cheese

97

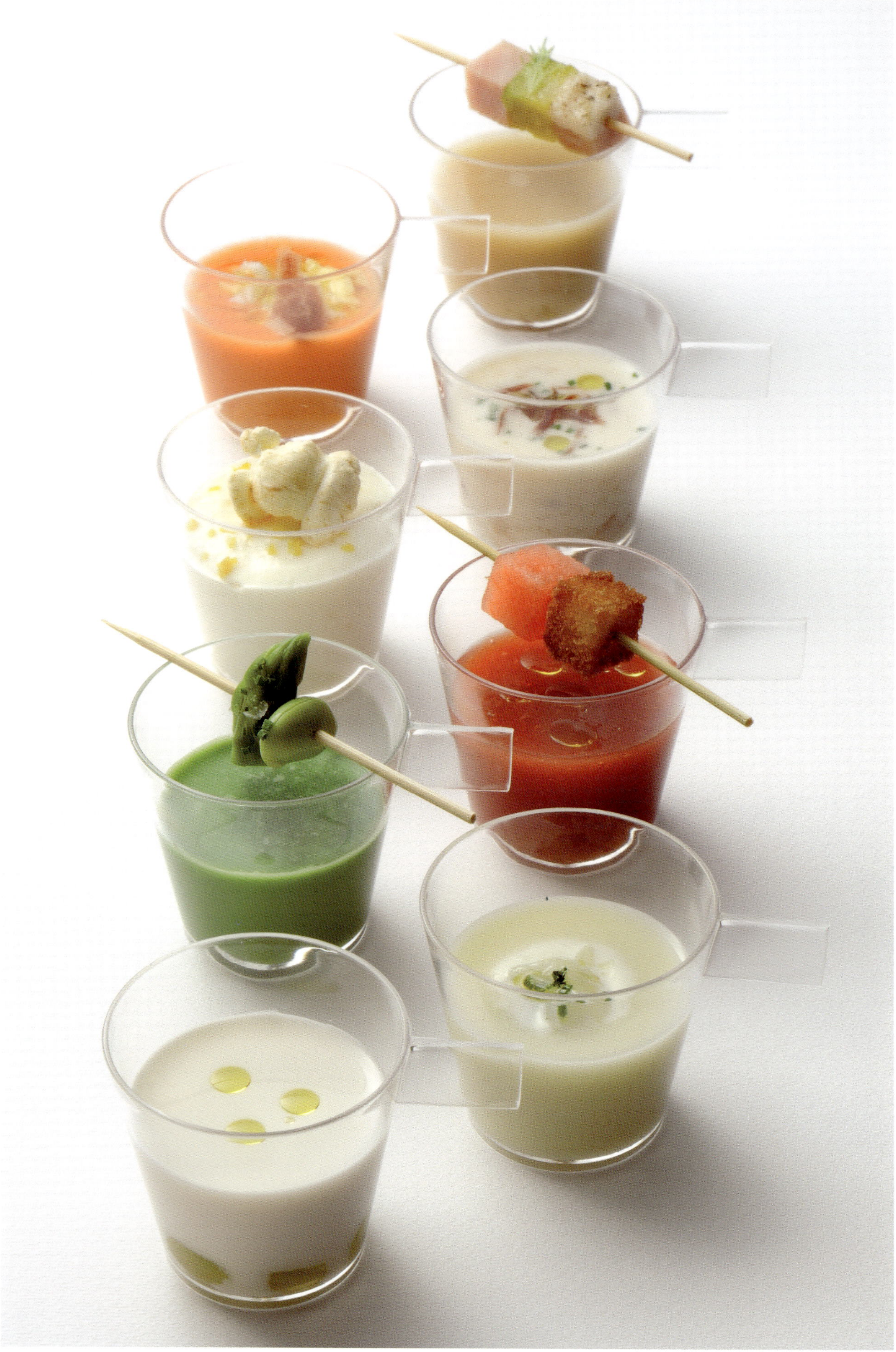

スープもピンチョス
soups

器が必要という点でピンチョスのルールにはずれるのですが、スープだけは例外にしましょう。暑い時季にはガスパチョのような冷たいもの、寒い時季にはにんにくスープのような温かいもの。スープはまず季節感ありき、です。他のピンチョスでは意識しませんが、スープはこれがあってこそ舌にも身体にもおいしい。少量でも満足感があるように、軽い濃度をもたせ、ガーニッシュを添えてテクスチャーをつけています。

cocido
コシード

豚ばら　pork belly
きゃべつ　cabbage
パンチェッタ　pancetta
みず菜　mizuna
EVオリーブ油　extra virgin olive oil

salmorejo
サルモレホ

固ゆで卵　hard boiled egg
イベリコハム　iberico ham
EVオリーブ油　extra virgin olive oil

garlic soup
にんにくのスープ

トルティージャのクルトン　tortilla courton
生ハム（セラーノ）　serrano ham
シブレット　chopped chive
EVオリーブ油　extra virgin olive oil

white corn soup
白いコーンスープ

ポップコーン　pop corn
クリスピーコーン　crispy corn

gazpacho
ガスパチョ

すいかのキューブ　water melon
パンフリット　pan frito
EVオリーブ油　extra virgin olive oil

edamame and asparagus soup
枝豆とアスパラガスのスープ

ほうれん草のピュレ　spinach purée
枝豆　*edamame*
グリーンアスパラガス　green asparagus
シブレット　chopped chive
クリスタル塩　crystal salt

vichyssoise
ヴィシソワーズ

バカラオのほぐし身　bacalao
生クリーム　fresh cream
シブレット　chopped chive

ajo blanco, almond & garlic soup
アホブランコ

デラウェアぶどう　grape
EVオリーブ油　extra virgin olive oil

beetroot soup
ビーツのスープ

ビーツのピュレ　beetroot purée
生クリーム　fresh cream

棒付きサブレ
sablées

ペロペロキャンディの形は、なぜか皆が大好き。大人も子どもも、日本人も外国人も。普通にサブレを焼いたらほとんど興味を引かないのに、この形に焼くだけで皆がすぐに手を出して、あっという間になくなります。
シンプルなサブレ生地をシリコンの型に詰め、ナッツやスパイスを散らして、串を刺して焼いただけ。プレゼンテーションのマジックです。

103

plain
プレーン

black olive
黒オリーブ

hot chili oil
ラー油

104

manchego cheese
マンチェゴチーズ

basil & pine nuts
バジルと松の実

green olive
グリーンオリーブ

anchovy
アンチョビ

just a little sweet
ほんのスイーツ

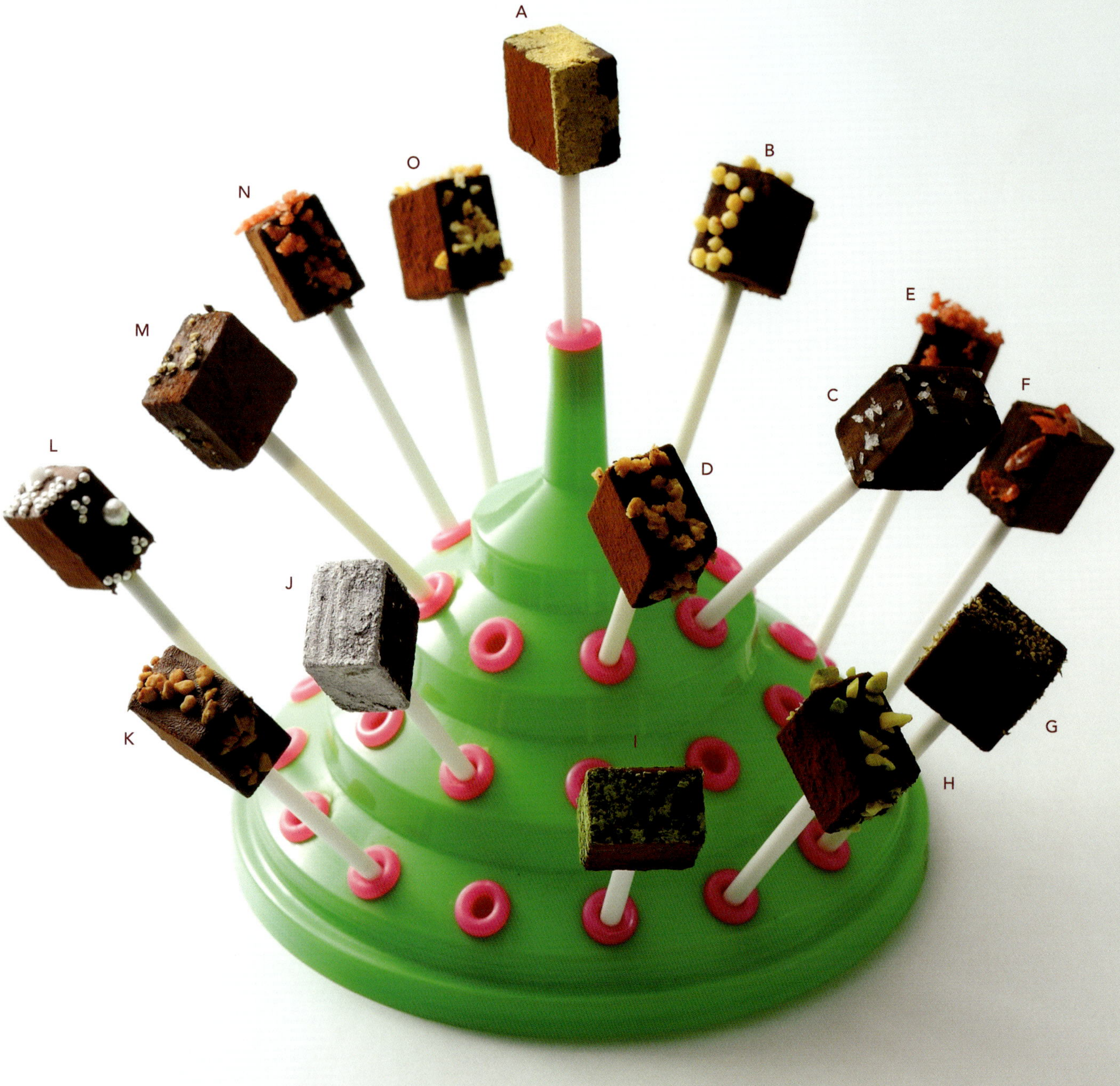
A
B
O
N
E
M
C
F
D
L
J
G
K
I
H

ひとくちのお菓子
little bites

フルーツでもケーキでもチョコレートでも、甘いものは何でもピンチョスになります。プチシュークリームに串を刺せばピンチョス、フルーツに串を刺しただけでもピンチョス。ピンチョスでまず大切なのは楽しいプレゼンテーションで、デザート自体のつくり方に凝るか凝らないかは、パーティーのテーマやつくり手のコンセプト次第です。

chocolate pintxos
生チョコアレンジ

A 金
  golden sprinkle

B あられ
  rice cracker

C クリスタル塩
  crystal salt

D ビスケットチップ
  biscuit chip

E カシスクランチ
  freeze-dried blackcurrant

F 赤とうがらし
  red chili pepper flakes

G さんしょう粉
  sansho powder

H ピスタチオ
  pistachio

I 抹茶
  green tea powder

J 銀
  silvery sprinkle

K アーモンドプラリネ
  almond praline

L パール
  sugar pearl sprinkle

M コーヒー
  ground coffee

N ラズベリークランチ
  freeze-dried raspberry

O フイヤンティーヌ
  feuillantine

florón, "Marina"
フロロン

小麦粉　flour
砂糖　sugar
卵　egg
アニスリキュール　anis liqueur

polvorón
ポルボロン

アーモンド粉　almond powder
小麦粉　flour
コーンスターチ　cornstarch
ラード　lard
砂糖　sugar

santiago cake
サンチャゴケーキ

アーモンド粉　almond powder
小麦粉　flour
卵　egg
砂糖　sugar
レモンの皮　lemon peel
シナモン　cinnamon

membrillo monaka
かりんのマーマレードの最中

最中の皮　monaka wafers
かりんのマーマレード　quince marmalade
サワークリーム　sour cream

pâte de fruits
パート・ド・フリュイ

いちじく　fig
レモン　lemon

パネイェッツ
panellets

和菓子のようなピンチョスをつくりたいと思ったとき、最初にパネイェッツが浮かびました。アーモンド粉、じゃがいもかさつまいものピュレ、砂糖をあわせて生地を小さなボールに丸めたカタルーニャの伝統菓子です。ナッツをまぶしたり、チョコレートをくるんだりと、同じベースでバリエーションをつけるところも、日本の練り切りと似ているんです。スペイン風のパネイェッツと、白玉粉を使った日本風のもちもちパネイェッツをつくりました。

panellet with pine nuts
松の実をまぶしたパネイェッツ

アーモンド粉　almond powder
じゃがいものピュレ　potato purée
砂糖　sugar
松の実　pine nut

with almond
アーモンドのせ

with quince marmalade
かりんのマーマレードのせ

with mixed dried fruits
ドライフルーツのせ

with crushed pistachio
ピスタチオまぶし

with chocolate
チョコレートがけ

with praline
プラリネまぶし

with chocolate filling
チョコレート包み

with almond chocolate filling
アーモンドチョコ入り

quince marmarade roll
かりんのマーマレード巻き

with roasted chestnut filling
甘栗入り

くるみパウダー　walnut powder

purple sweet potato panellet
紫いものパネイェッツ

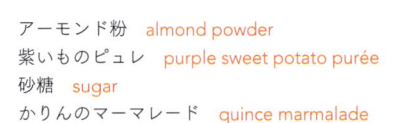

アーモンド粉　almond powder
紫いものピュレ　purple sweet potato purée
砂糖　sugar
かりんのマーマレード　quince marmalade

┌─────────────────────────────────┐
│ 白玉粉でつくるもちもちパネイェッツ │
│ shiratama flour panellets   │
└─────────────────────────────────┘

with almond
アーモンド入り

白玉粉　*shiratama flour*
上新粉　*joshin flour*
砂糖　*sugar*
オリーブ油　*olive oil*
アーモンド　*almond*

with quince marmalade filling
かりんのマーマレード入り

ピスタチオ　*pistachio*

with roasted chestnut filling
甘栗入り

ごま　*sesame seed*

with almond chocolate filling
アーモンドチョコ入り

モルトパフ　*malt puff*

115

component elements
ピンチョスの味のベース

> おいしい
> ピンチョスの
> ABC、
> まずはこれ。

マヨネーズ
mayonnaise

マヨネーズの発祥はスペインのマヨルカ島だといわれています。スペイン人はマヨネーズが大好き。なんにでもよく合い、複数の具材をまとめてくれて、パンの上で流れない。ピンチョスでもっとも活躍するソースです。以下のレシピは、卵を使わないタイプのライトなマヨネーズ。口当たりが軽いうえ、卵を使わないのでケータリングやテイクアウトで提供するときも安心です。私は塩味をつけずにベースとしてこれを用意しておき、そのつど塩やヴィネガーで味つけしたり、みそや梅肉を混ぜて使っています。この本に出てくる「マヨネーズ」はすべてこのライトマヨネーズを使いました。もちろん、市販のマヨネーズを使ってもかまいません。

[ライトマヨネーズ]

サラダ油…500ml
オリーブ油…200ml
牛乳…200～300ml

1　サラダ油とオリーブ油を合わせる。
2　牛乳を加える。
3　電動ハンドブレンダーで撹拌し、約1分間かけて均一に乳化させる。

（牛乳の量は、望む「かたさ」に応じて調整する。
まず少なめに加えて撹拌し、様子をみながら追加するとよい）

[ミックスマヨネーズへの応用]

梅干しマヨネーズ

梅肉…50%
ライトマヨネーズ…50%

みそマヨネーズ

みそ（赤、または白）…40%
ライトマヨネーズ…60%

明太子マヨネーズ

明太子…40～50%
ライトマヨネーズ…60～50%

1　材料をボウルに合わせる。
2　ゴムべらでよく混ぜる。

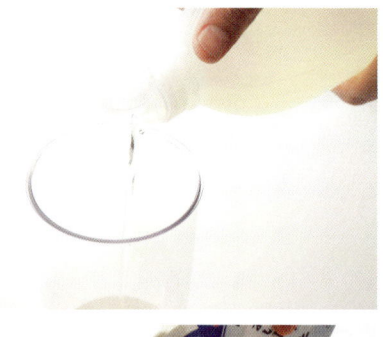

軽い
にんにく風味で
おいしさアップ

ライトアイオリ
light aioli

アイオリは、にんにく入りのマヨネーズです。スペイン人、とくにカタルニア人はアイオリ好きなので、なにかと使ってしまいます。伝統的なアイオリはにんにくをしっかりきかせてつくります。料理にパンチがきいておいしいのですが、ただし、少しずついろいろ食べるピンチョスパーティーの場では、にんにくのにおいや刺激が他の料理を邪魔してしまうかも。そこで、ライトバージョンのアイオリを用意しています。においも軽く、後味がさわやかなのでオールマイティに使えます。前述の卵を使わないライトマヨネーズがベースなので、衛生的にも安心です。

[ライトアイオリ]

ライトマヨネーズ（p.118）…600ml
にんにくオイル＊…50〜100ml（またはニンニクパウダー小さじ½〜1）
牛乳…200ml

1　ライトマヨネーズをボウルにとり、
　　にんにくオイル、牛乳を何度かに分けて加えながら、
　　泡立て器で混ぜる。
2　なめらかな状態に仕上げる。

（にんにくオイルの量は好みで加減する）

[にんにくオイル]

オリーブ油…200ml
にんにく…1株

1　にんにくを片ごとにばらす。
　　それぞれ皮付きのまま軽くつぶす。
2　オリーブ油とにんにくを鍋にとり、
　　60℃まで温めて火を止める。そのまま冷ます。
3　容器に移して保存する。

○「焼き野菜」最強！なんでもおいしくしてくれる

エスカリバーダ
escalivada

エスカリバーダを日本語でいうと「焼き野菜」。なす、ピーマン、玉ねぎなどを直火で焼き、蒸らし、皮をむいてオリーブ油をかけたカタルーニャ定番の野菜料理です。ピンチョスのメイン具材になるのはもちろん、副素材としても大活躍。野菜の甘みや風味が肉や魚を引き立て、ふんわりとしたソフトな食感がひとくちのハーモニーをまとめてくれます。多めに仕込んでおけば、いろいろな使い方ができます。

[パプリカピーマンのエスカリバーダ]

パプリカピーマン（赤、黄、緑、なんでも）
オリーブ油、EVオリーブ油

1　パプリカの表面にオリーブ油をまぶす。くぼんだところにもムラなく。
　　油をつけることで、スピーディーに皮を焼くことができる。
2　1を直火で焼く。ときどき向きを変え、全面を真っ黒に焦がす。
3　ボウルに入れ、ラップフィルムで覆って約10分間やすませる。
4　取り出して、皮をむく（香りが逃げるので、水を使わずにむく）。
　　ヘタと種を除きながら、フシごとに身を分ける。
　　必要な幅に切り揃える（基本のピンチョス用は5mm幅）。
5　皿に並べ、EVオリーブ油をたっぷりとかける。

[なすのエスカリバーダ]

なす
オリーブ油、EVオリーブ油

1　パプリカと同様、オリーブ油を表面にまぶしつける。
2　1を直火で焼く。ときどき向きを変え、全面を真っ黒に焦がす。
3　ボウルにとり、ラップフィルムをかけて約10分間やすませる。
4　取り出して、皮をむく（水を使わないこと）。
5　ヘタを切り取り、なすの大きさによっては長さを半分にカットする。
　　なすをタテにおき、中央に切り込みを入れて（厚さ半分まで）、身を開く。
　　繊維に沿って必要な幅に切り揃える（基本のピンチョス用は5mm幅）。
6　皿に並べ、EVオリーブ油をたっぷりとかける。

[玉ねぎのエスカリバーダ]

玉ねぎ
EVオリーブ油

1　玉ねぎを皮付きのまま丸ごとアルミホイルで包む。180℃のオーブンに約1時間入れて焼く。
2　取り出して、皮をむき、1枚ずつはがす。
　　繊維に沿って必要な幅に切り揃える（基本のピンチョス用は5mm幅）。
3　皿に並べ、EVオリーブ油をたっぷりとかける。

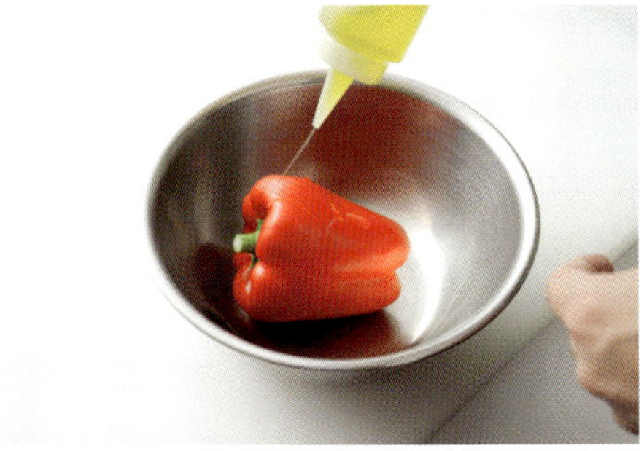
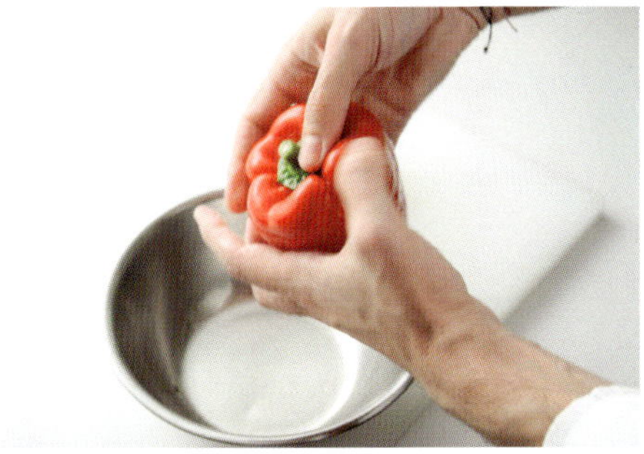
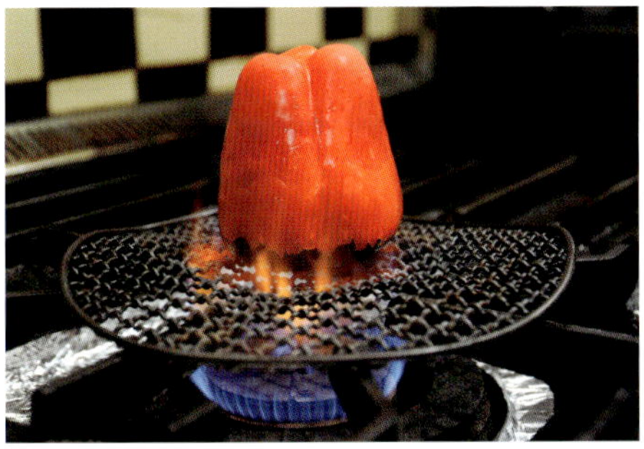
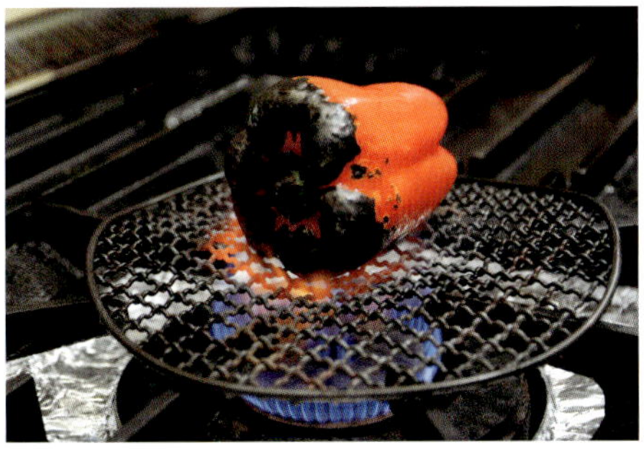
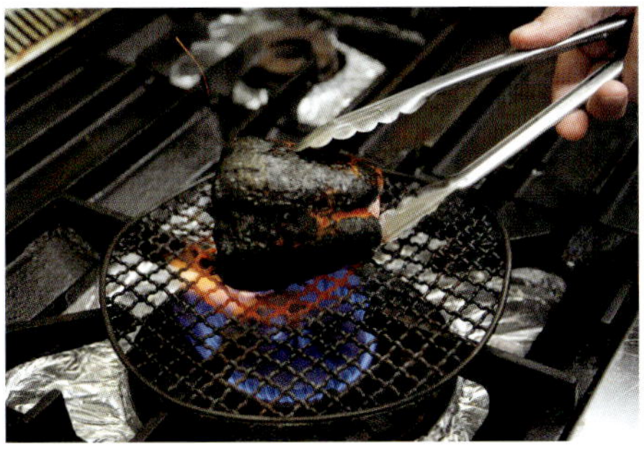
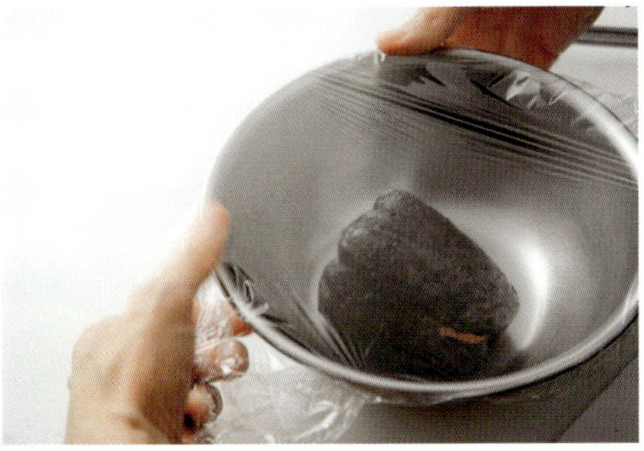
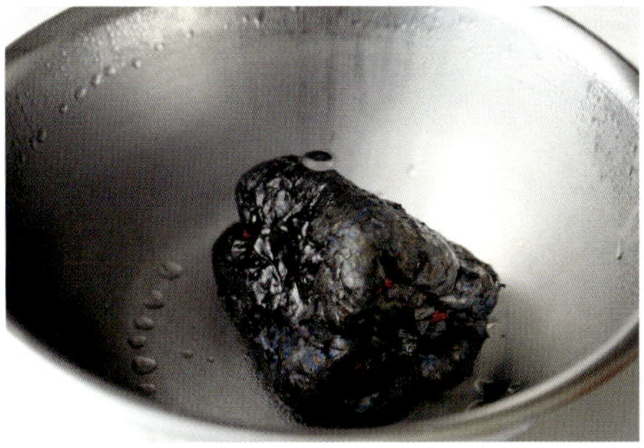
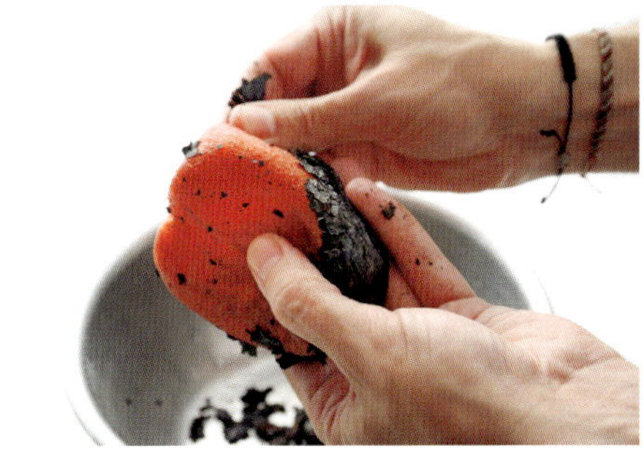
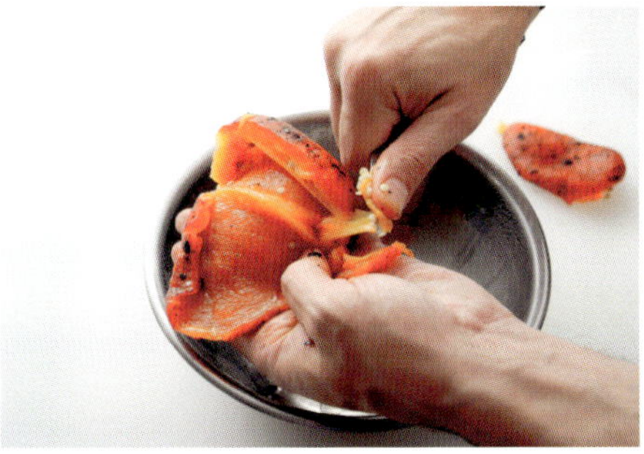
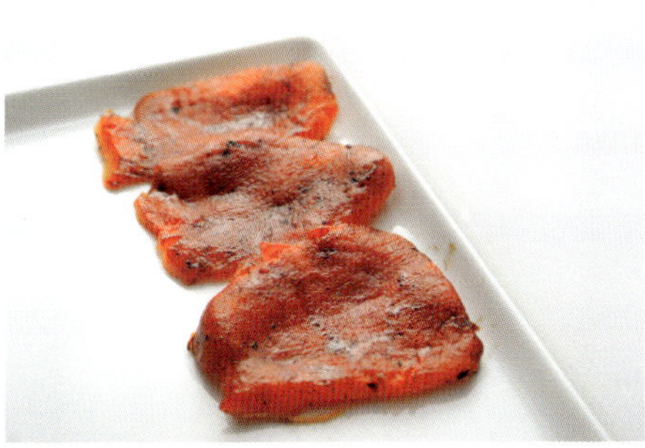
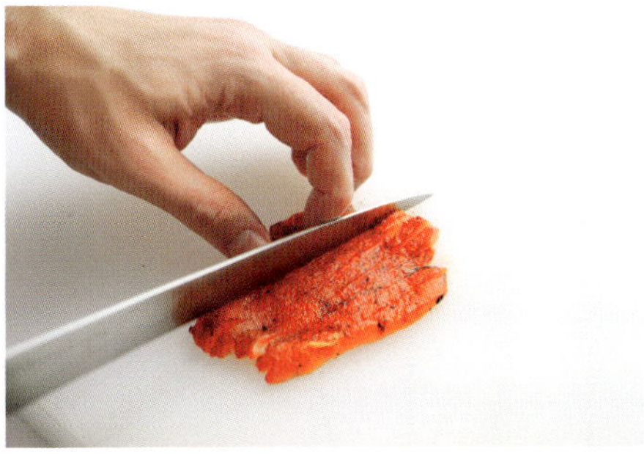
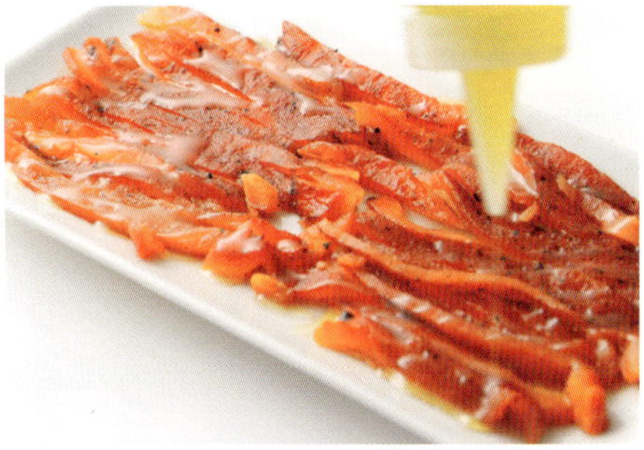

炒め加減で、使い方は無限大

玉ねぎのコンフィ、コンポート、マーマレード
onion confit, compote, marmalade

じっくりと火を入れて甘みを引き出した玉ねぎは、それ自身が「ソース」となってピンチョスの旨みのベースになります。火入れ度合いによって、歯ごたえ、甘み、コクの強さが変わるので、タイプ別に用意しています。

[玉ねぎのコンフィ／旨み充分でしっとり、色づきなし　仕上がり約400g]

玉ねぎ…大3個（約750g）
オリーブ油…大さじ2

1　玉ねぎを薄くスライスする。
2　1とオリーブ油を鍋にとり、ごく弱い火にかけて（40～50℃の油温を保つ）、約40～50分間火を入れる。甘みをしっかりと引き出し、白い状態に仕上げる。

[玉ねぎのコンポート／きつね色、甘みとコクあり　仕上がり約400g]

玉ねぎ…大3個（約750g）
オリーブ油…大さじ2

1　玉ねぎを薄くスライスする。
2　オリーブ油とともに鍋にとり、弱火にかけてきつね色になるまでじっくりとソテーする（60～70℃の油温なら約40～50分間、40～50℃の油温なら約1時間半が目安）。

[玉ねぎのマーマレード／褐色で水分なし、甘み凝縮　仕上がり約400g]

玉ねぎ…大3個（約750g）
オリーブ油…大さじ2

1　玉ねぎを薄くスライスする。
2　コンフィと同様に加熱する。1時間半から2時間ほどかけてゆっくりと水分を飛ばし、甘みを凝縮させる。焦げるギリギリ手前で火を止める。

ソースやディップ的な感覚で

ポテトサラダ
potato salad

私はポテトサラダを「ポテトソース」感覚で使います。マッシュポテトよりも歯ごたえがあって、味にメリハリがあり、揚げものによく合います。ソース的に使う場合はマヨネーズを少し多めに加えて、クリーミーに仕上げます。ポテトのつぶし具合はお好みで。

[ポテトサラダ　仕上がり約500g]

じゃがいも…500g
ライトマヨネーズ（または普通のマヨネーズ）…大さじ3～4
玉ねぎ（粗みじん切り）…60g
塩、サラダ油

1　じゃがいもの皮をむき、適当にカットする。塩入りの湯でゆでる。
2　玉ねぎをサラダ油で軽くソテーする（はじめに軽く塩をふる）。網にとって水分をきる。
3　1をボウルにとって軽くつぶし、2、ライトマヨネーズを加えてあえる。望むかたさに応じてマヨネーズの量を加減する。塩で味をととのえる。

ナッツ＆野菜でつくる万能ソース

ロメスコソース
romesco sauce

ナッツと野菜をベースにした、カタルニア地方の万能ソースです。コクがあり、甘さと酸味もほんのりあって、調理した野菜、肉のグリル、魚のフライ…と、メイン食材のおいしさを引き立てます。皿盛り料理用になめらかに仕上げることもできますが、ここはピンチョス用なので水分を抑え、ナッツの歯ごたえも少し残して、ディップ感覚に仕上げます。

[ロメスコソース　仕上がり約200g]

赤パプリカ…1個（70g）
トマト…1個（150g）
にんにく（皮付き）…2かけ
アーモンドスライス（またはヘーゼルナッツ）…30g
にんにく（スライス）…1かけ分
オリーブ油（加熱調理用）…適量
パプリカパウダー…小さじ1
ミネラルウォーター…適量
EVオリーブ油…大さじ2
白ワインヴィネガー（好みで）…少量
塩

1　赤パプリカ、半分に切ったトマト、にんにくにオリーブ油をふりかけ、200℃のオーブンで30分間焼く。
2　粗熱が取れたら、赤パプリカの種と皮、にんにくの皮を除く。
3　小鍋にオリーブ油を入れ、アーモンドとにんにくのスライスを弱火で炒める。
　　パプリカパウダーを加え、すぐに2を入れ、つぶしながら炒める。
4　3に少量のミネラルウォーターを加えてフードプロセッサーにかける（すり鉢ですってもよい）。
　　なめらかにしすぎず、ナッツの粒が少し残る状態に仕上げる。
5　塩、EVオリーブ油を加える。ごく少量の白ワインヴィネガーを加えてもよい。

野菜をおいしくするディップソース

バーニャカウダソース
bagna càuda sauce

野菜ベースのピンチョスで活躍するのが、にんにく、アンチョビ、オリーブ油をミキサーで合わせたこのソース。少量をのせるだけで、野菜のおいしさが引き立ちます。旨みも塩気もやや強めのほうが味が利いてくるので、アンチョビの量で調整してください。ディスペンサーに入れておくと便利です。

[バーニャカウダソース　仕上がり約150g]

にんにく…2株
アンチョビのフィレ…8～10枚
グリーンオリーブ…10個
（もしあれば、アルベキーナ種のオリーブ…15個）
オリーブ油…50ml

1　にんにくの皮をむき、半分に切る。芯があったら取り除く。水から3回ゆでこぼす。
　　3回目は少し長めにゆでて、やわらかくする。
2　グリーンオリーブの種を除く。
3　ゆでたにんにく、アンチョビ、オリーブ、オリーブ油をミキサーにかけてペースト状にする。
　　味をチェックして、旨みや塩気が足りなければアンチョビを足す。

ピンチョスの基本の食材
basic ingredients

おいしさを決める「ピンポイント」

ピンチョスはひとくちで「おいしさ」を感知させなければなりません。そのためにはくっきりとした味が必要。マイルドな味や、さっぱりした味だけでは印象に残りません。といって、やたらと味を濃くすればいいわけでもない。大切なのはメリハリです。塩気や旨みや酸味の食材をピンポイントで加えることで、メイン素材の繊細な味と香りが引き立ち、ひとくちの満足感が高まります。

アンチョビ　salted anchovy in olive oil
産地やブランドによって身の状態や塩の強さがかなり違います。この本で使っているのは、アンチョビのフィレのオリーヴ油漬け（身がしっかりして、とろけていないもの）で、そのままおつまみとして食べられる程度の塩気のものです。これを細く斜めに切って、ピンチョスのトッピングに使います。味の決め手になります。

ケイパー　vinegared caper
酢漬けのケイパーを使います。旨み、塩気、酸味それぞれがキリッときいて、まさにピンポイントでおいしさを引き立てます。トッピングには、ミニケイパーを使っています。大きなケイパーしかない場合は、きざんで使います。

オリーブ　olive
オリーブの香りと旨み、ほどよいジューシー感は、便利なアクセントになります。グリーンオリーブはフルーティーで、黒オリーブはより旨みが濃厚。また、細かくきざんでパンにのせると、上にのせる素材を安定させるクッションになるという効果も。1粒で使うときは必ず「タネなし」を使います。食卓のおつまみとは違い、ピンチョスではタネが残るのはタブーです。

フェタチーズ　feta cheese
ギリシャのチーズ、フェタはパンチのきいたしょっぱさが魅力です。少量でガツンときいて、口当たりはクリーミー。より個性がほしいときは、やはり塩気の強いスペインの青かびチーズ、カブラレスを使うこともあります。

ナッツ類　nuts
アーモンド、ヘーゼルナッツ、ピスタチオ、松の実にマカダミアナッツ…、ナッツの香ばしさとカリカリ感は、ピンチョスのおいしさのハーモニーを生き生きとさせます。ただし、ローストしていなければ意味がありません。できれば使う直前に、フライパンではなく（表面が焦げるだけで中に熱が入らない）、オーブンまたはトースターで火入れします。加熱の目安は160℃程度で約15分間ですが、よく見て確認してください。焼いている間に「ちょうどよい色づき」になったら火入れオーバー。ナッツは脂肪分が多いので、オーブンから出した後も火が入って真っ黒になってしまいます。少し手前で取り出して、そのまま広げておけばこんがりと仕上がります。

ハーブ　herbs
仕上がりにハーブをのせるのは、フレッシュな香りを添えるため。ただの彩りではないので、古くてしなびたものでは意味がありません。さわやかな香りがふっと鼻先をかすめると、ピンチョス自体がフレッシュな印象になります。

クリームチーズ　cream cheese
ピンチョスにとって意外に大切なのが、クリーミーさ。パンにのせたものが転がり落ちないようにするためにも、どこかにクリーミーさが必要です。私の秘密兵器は、クリームチーズ。メイン素材の個性を殺さずに、味わいをマイルドに、食感をなめらかにしてくれるので、相当いろいろな使い方をしています。私のピンチョスの特徴のひとつ、と言えるほど。濃度をゆるめたいときは、牛乳やサワークリームでのばして使います。

塩　salt
ピンチョスの仕上がりには調味用の塩ではなく「食べる塩」、いわゆるクリスタルソルトをのせます。種類は、フルール・ド・セルでも、マルドン塩でも何でもかまいません。おいしい塩の結晶がピンポイントの旨みとなって、おいしさにメリハリをつけてくれます。

EVオリーブ油　extra virgin olive oil
塩を除いてもっとも使用頻度が高い材料がEV（エクストラ・ヴァージン）オリーブ油。提供直前に少しかけるだけで、香りとつややかさがグンと増して、ピンチョスの味と表情が生き生きしてきます。使用材料としてとくに書いていなくても、仕上がりにほしい、と思ったらかけてください。いろいろなタイプがありますが、軽くて、フルーティーなものがピンチョス向きです。

recipes
つくり方解説

illustration: Maki Kimura
+captions: Josep Barahona Viñes

ピンチョスの基本構成

大きく分けてふたつのコンセプトがあります。

A）パンの上に複数の食材や料理やソースをのせ、その「組み合わせ」を味わうもの。

B）ある料理をミニサイズに、かつ、手で食べられるスタイルにアレンジしたもの。

タイプAの場合、各パーツの味の相性とボリュームバランス、スマートな盛りつけ方がカギ。タイプBの場合は、料理自体のおいしさ、食べやすさ、キュートなフォルムが求められます。両者の混合タイプも少なくありません。

サイズと形

ピンチョスにとって、「サイズの統一感」はとても重要です。同じパーティーに並ぶピンチョスは、サイズの印象を揃えます。

私は、直径3.3cmの抜き型を多用するのですが、円形ピンチョスがあるだけでパーティーに華やかさが生まれます。円形ピンチョスとスクエアピンチョスを交互に並べる場合は、円の直径が3.3cmなら、正方形の一辺はそれよりひと回り小さく（3cm）カットします。並べたときにボリュームが揃って見えます。

テリーヌものをよくつくるなら、専用の「型」をつくることをお勧めします。ワンカットの基準サイズを決め、それに合った「深さ」、基準の倍数を一辺にした「タテ、ヨコ」の型をつくっておけば、料理にロスが出ません。小回りのきく手ごろなサイズの型をいくつか用意しておくと便利です。

盛りつけの注意点

私はよくピンチョスのことを「ひとくちサイズ」と表現していますが、薄切りバゲットに具をのせるベーシックピンチョスの場合、実際には「ふたくちで食べきる」ことを想定しています。

ひとくち目がスマートに噛み切れるかどうかは、とくにパーティー用ピンチョスでは大事な問題です。繊維の強い素材なら、大きめサイズを1個盛るよりも、小さいサイズを2個のせるほうが食べやすい。赤パプリカのエスカリバーダの細切りなら、寝かせて盛るよりも、小さくまとめた山をふたつ盛るほうが食べやすい。

おいしい、かわいい、だけでなく、スマートに食べられる盛りつけに配慮します。

パンのサイズ

薄切りバゲット
いちばん細いバゲット（フルート）を使用

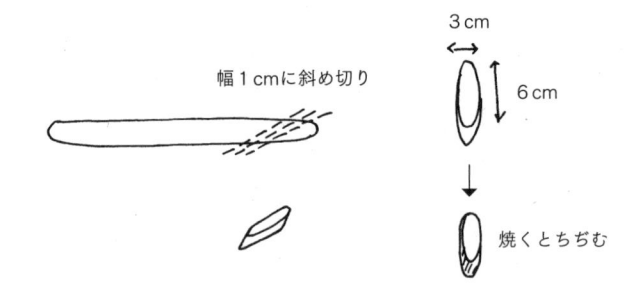

幅1cmに斜め切り　3cm　6cm　焼くとちぢむ

パンフリット
8枚切りの食パンを使用

直径4.4cmの抜き型で抜く　← 4.4cm →　揚げるとちぢむ

正方形に切る　3cm　3cm

長方形に切る　3cm　5cm

スティックに　1cm　5cm

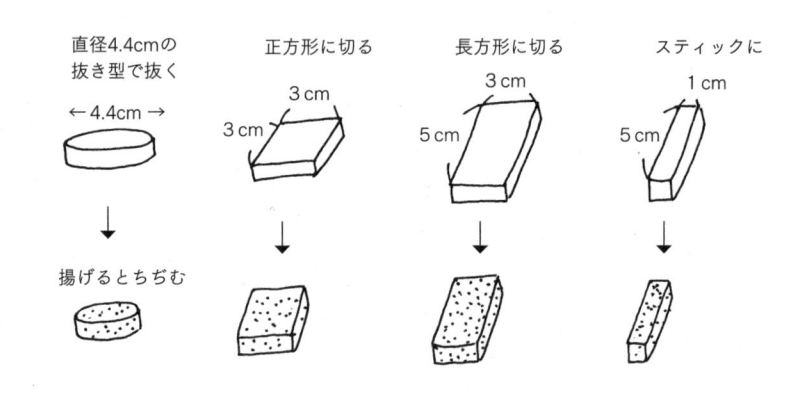

パンのチップ
8枚切りの食パンを使用

目的のサイズにカット　→　プレスしながら焼く　→　元の大きさとほぼ同じ

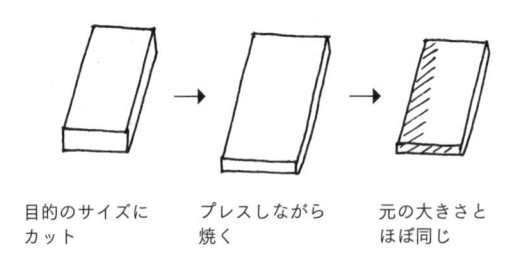

トッピング素材のカット

アヴォカド
皮付き、タネ付きで分割（未使用分はラップフィルムをかけて保管。タネ付きのほうが色が変わらない）

タネごと分割 ／ タネをとる 皮をとる ／ ⅛カットを4分割 ／ ½カット

アンチョビのフィレ
1枚のフィレを斜め切りする（用途に応じて3等分、4等分、6等分…に）

大きめのフィレ ／ ⅓〜⅒にカット ／ 1片をシャープな形に

エスカリバーダの基本の「細切り」

なす
長さによっては½にカット ／ 切り込みを入れ、果肉を開く ／ 5mm幅に切る

パプリカピーマン
フシごとに切り分け ／ 5mm幅に切る

玉ねぎ
1枚ずつはずして ／ 5mm幅に切る

レシピの凡例

ピンチョスの大きさに本来決まりはありません。以下レシピでは、写真で紹介している「パーティー用ピンチョス」の実寸に基づいて、1個分のサイズやボリュームを紹介しています。分量数字、加熱時間は「目安」として参考にしてください。

[分量]
- 大さじ1 = 15ml
- 小さじ1 = 5ml
- カップ1 = 200ml
- 塩、こしょう、揚げ油など分量表示をしていないものは、「随時、適量で」。

[素材]
- 「オリーブ油」と表記したものはピュア・オリーブ油、「EVオリーブ油」はエクストラ・ヴァージン・オリーブ油を指します。
- 「こしょう」は、特記ない場合は「白こしょうを挽いたもの」を使用。
- 「小麦粉」は、特記ない場合は薄力粉を使用。
- 「生クリーム」は、乳脂肪分37%のものを使用。
- 「にんにくチップ」は、にんにくのスライスを素揚げしたもの。
- 「バター」は、特記ない場合は無塩バターを使用。
- 「目の細かいパン粉」：バゲットをフードプロセッサーでパウダー状に細かくしたもの。または市販のパン粉をフードプロセッサーで細かくしたもの。

anchovy: salted anchovy in olive oil
bacalao: dried salted cod
caper: caper in vinegar
kinome: young pepper leaves
mentaiko: seasoned cod roe
mizuna: Japanese salad green
ponzu: citrus and soy based sauce
sansho: Japanese pepper
yuzukosho: yuzu citrus peel and chili pepper paste

P.8
"Jordi"
ジョルディ

[ピンチョ1個分の組み立て]
- バゲットトースト…1枚
- グリーンオリーブのみじん切り…大さじ1
- うずらの固ゆで卵…½個
- プチトマト…½個
- アンチョビのフィレ…⅙カット2枚
- ケイパー（小粒）…4〜5粒
- アヴォカド…½カット1個
- ライトアイオリ（p.119）…約2g
- エシャロットのみじん切り…小さじ½
- ハーブ（セルフイユ、シブレット、ディル）
- EVオリーブ油

バゲットトーストにその他の材料を順にのせ、EVオリーブ油をかける。(p.9)

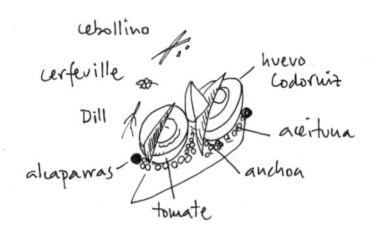

P.14
escalivada & anchovy
エスカリバーダとアンチョビ

[ピンチョ1個分の組み立て]
- バゲットトースト…1枚
- 赤パプリカのエスカリバーダ（p.120）…細切り3本
- なすのエスカリバーダ（p.120）…細切り3本
- 玉ねぎのエスカリバーダ（p.120）…細切り2本
- アヴォカド…½カット2枚
- アンチョビのフィレ…⅓カット2枚
- EVオリーブ油

バゲットに野菜のエスカリバーダを盛る。アヴォカド、アンチョビのフィレをのせる。EVオリーブ油をかける。

[ピンチョス12個分のエスカリバーダ必要量目安]
- 玉ねぎ…⅓個分
- 赤パプリカ…1個分
- なす（小）…2個分

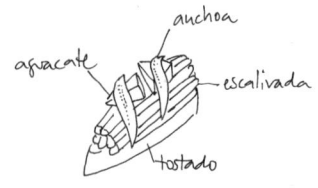

P.14
prawn — crabmeat — mayonnaise
えびかにマヨネーズ

[ピンチョ1個分の組み立て]
- バゲットトースト…1枚
- えびのむき身（ゆでる）…1尾
- えびかにマヨネーズ*…20g
- ライトアイオリ（p.119）…約3g

えびをゆで、縦半分にカットする。
バゲットトーストにえびかにマヨネーズをのせ、ゆでたえびをのせる。ディスペンサーを使ってライトアイオリをかける。

[えびかにマヨネーズ　ピンチョス12個分]
- えびのむき身…60g（約6尾）
- かに肉（缶詰）…30g
- かにかまぼこ…90g
- ライトマヨネーズ（p.118）…40g
- 塩

えびをゆでる。かに肉、かにかまぼことともにフードプロセッサーに軽くかけ、みじん切りする（回しすぎてペーストにならないよう注意）。ボウルに移してライトマヨネーズを混ぜ、塩で味をととのえる。

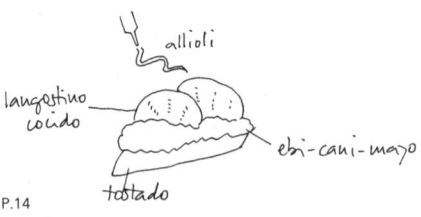

P.14
ham & egg
ハム玉子

[ピンチョ1個分の組み立て]
- バゲットトースト…1枚
- ハムのマヨネーズあえ*…25g
- うずらの固ゆで卵…½個
- シブレット（みじん切り）

バゲットトーストにハムのマヨネーズあえを盛る。殻をむいて半分にカットしたうずら卵をのせ、シブレットを散らす。

[ハムのマヨネーズあえ　ピンチョス12個分]
- ハム…240g
- ライトマヨネーズ（p.118）…約60g
- 塩

ハムをフードプロセッサーに1〜2秒かけてみじん切りにする（ペーストにならないよう注意）。ボウルに移してライトマヨネーズであえ、塩で味をととのえる。

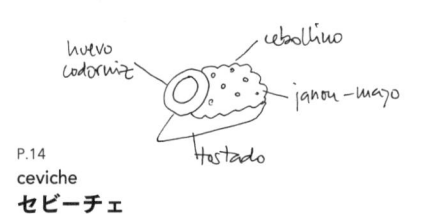

P.14
ceviche
セビーチェ

[ピンチョ1個分の組み立て]
- バゲットトースト…1枚
- まだいのレモン風味*…20g
- 枝豆（ゆでる）…3〜4粒
- ハラペーニョ…輪切り2枚
- 小玉ねぎのみじん切り（氷水にさらす）…1つまみ
- コリアンダーの葉
- ライムの皮（削る）
- クリスタル塩

バゲットトーストに、まだいのレモン風味と枝豆をバランスよくのせる。ハラペーニョ、小玉ねぎ、コリアンダーの葉、ライムの皮、クリスタル塩を散らす。

[まだいのレモン風味　ピンチョス12個分]
- 刺身用まだいのフィレ（皮を除く）…240g
- レモン…½個（果汁10g）
- 水…10ml
- にんにく（すりおろす）…小1かけ
- ハラペーニョ…½本
- コリアンダーの葉（みじん切り）
- ライム汁
- 塩

まだいのフィレを薄くスライスする。ボウルにレモン汁、レモンの皮、水、にんにくのすりおろし、ハラペーニョ、コリアンダーの葉を合わせ、まだいのスライスを入れてさっとあえる。塩で味をととのえ、ライム汁をふって香りをつける。

◆セビーチェは、ペルー名物のライム風味の魚のマリネ。刺身用の白身魚なら何でもかまいません。今回は薄切りにして果汁でさっとあえていますが、魚を角切りするなら20〜30分間マリネします。

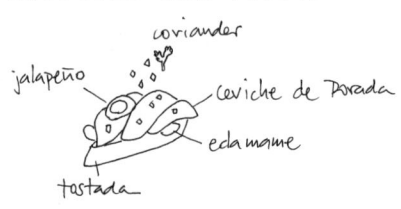

P.15
chicken liver paté
鶏レバーのパテ

[ピンチョ1個分の組み立て]
- バゲットトースト…1枚
- 鶏レバーのパテ*…25g
- レーズン（ブランデー少量でもどす）…4粒
- 黒こしょう

バゲットトーストに鶏レバーのパテを盛る。レーズンを散らし、黒こしょうを挽きかける。

[鶏レバーのパテ　ピンチョス12個分]
- 鶏レバー…200g
- ブランデー…大さじ1
- 塩、こしょう
- オリーブ油
- バター…80g
- 生クリーム…約大さじ1

鶏レバーを掃除する。オリーブ油でさっと炒め、かたくならないうちに塩、こしょう、ブランデーを加え、さらに軽く炒めて、中心が半生の状態で火から下ろす。熱いうちにフードプロセッサーにかけ、ざっと混ざったらバターを加えてさらに回す。様子をみながら生クリームを加え、かたさを調整する。塩で味をととのえる。
すぐにバットなどに移し、氷水をあてて冷ます。ラップフィルムをかけ（パテの表面に密着させながら）、冷蔵庫で保管する。

◆半生にソテーしたレバーを熱いうちにフードプロセッサーにかけると、余熱で完全に火が入ります。このレシピなら、オーブンなしでパテができます。

P.15
potato salad & karasumi
ポテサラからすみ

[ピンチョ1個分の組み立て]
- バゲットトースト…1枚
- ポテトサラダ(p.122)…25g
- からすみ(極薄スライス)…10g

バゲットトーストにポテトサラダを盛り、からすみを並べてのせる。

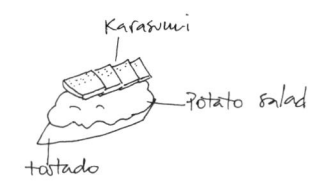

P.15
marinated mackerel & apple
さばとりんご

[ピンチョ1個分の組み立て]
- りんご…5mm厚のスライス1枚
- サワークリーム…小さじ½
- しめさば*…2cm×5cmのカット1枚
- シブレット(みじん切り)
- クリスタル塩
- 黒こしょう

しめさばを縦半分に切る(約5cm幅)。2cm間隔に切る。
りんごを2cm×5cmの長方形に切る。
りんごの上にサワークリームを絞り、シブレットを散らす。しめさばをのせる。クリスタル塩をふり、黒こしょうを挽きかける。

[しめさば ピンチョス12〜14個分]
- さばのフィレ…1枚(約150g)
- 塩
- 白ワインヴィネガー…40ml
- サラダ油…200ml

さばのフィレの身側に塩をまんべんなくふり、身を上にして網にのせ、15分間おく。裏返して皮面に同様に塩をふり、さらに10分間おく。冷水で洗い、キッチンペーパーで水気をぬぐう。さばのフィレがちょうど入るサイズの容器にサラダ油、白ワインヴィネガー、さばを入れ(全体がすっかり浸かるように)、24〜36時間漬ける。取り出して水分をきる。

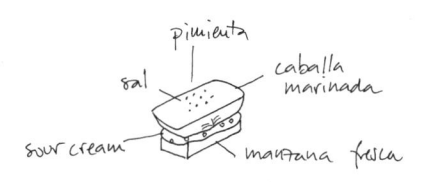

P.15
marinated salmon
サーモンのマリネ

[ピンチョ1個分の組み立て]
- ライ麦パン(薄切り)
  …2.5cm×4cmのカット1枚
- サーモンのマリネ*(スライス)…約10g
- マイルドサワークリーム**…小さじ1
- ディル
- クリスタル塩
- 黒こしょう
- EVオリーブ油

ライ麦パンにマイルドサワークリームをぬる。サーモンマリネのスライスを食べやすく2〜3等分して盛る。ディルをのせ、クリスタル塩、黒こしょうを挽きかける。EVオリーブ油を少量たらす。

[サーモンのマリネ つくりやすい量]
- サーモンのフィレ…約250gのブロック1個
- 塩…適量
- にんにく(つぶす)…1かけ
- ディル…数本
- サラダ油…250〜300ml

サーモンは身の分厚い中央部(厚さ2〜3cm)のブロックを使う。皮を除く。
バットに塩を敷きつめてサーモンを置き、塩を一面にふる(身が見えなくなるまで)。サイドにも塩をまぶし、40分〜1時間マリネする。冷水で洗い、キッチンペーパーで水気をよくぬぐう。容器に入れ、ディル、にんにく、サラダ油を入れる(サーモンが油にすっかり浸かるように)。6時間以上おく。できれば1日半マリネするとよい。
取り出してキッチンペーパーで油をぬぐい、薄くスライスする。サイド面は塩がきついので使わない。

[マイルドサワークリーム 仕上がり100g]
- サワークリーム…50g
- クリームチーズ…40g
- 生クリーム(泡立てる)…10g

材料を混ぜ合わせる。

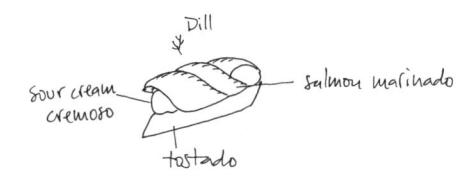

P.16
oyster frito & miso-mayo
かきフライ

[ピンチョ1個分の組み立て]
- バゲットトースト…1枚
- 赤みそマヨネーズ(p.118)…小さじ1
- かきフライ*…1個
- しょうがのコンフィ**…小さじ½
- 芽ねぎ

バゲットトーストに赤みそマヨネーズをぬり、かきフライをのせる。しょうがのコンフィと芽ねぎをのせる。

[かきフライ ピンチョス12個分]
- むきがき(中)…12個
- 小麦粉…適量
- 卵…1個
- 目の細かいパン粉…約1カップ
- 揚げ油

かきをうすい塩水で洗い、キッチンペーパーにとって水気をしっかりとぬぐう。小麦粉、とき卵、パン粉を順にまぶして170℃の油で揚げる。

[しょうがのコンフィ つくりやすい量]
- しょうが…3〜4個(150〜200g)
- 水…200ml
- グラニュー糖…250g

しょうがの皮をむき、斜め薄切りにする(厚さ4〜5mm)。やわらかくなるまで水から30〜40分間ゆでる。火を止めてそのまま置き、同じ水で再度ゆでる。取り出して水気をきる。
水とグラニュー糖を鍋に入れ、火にかける。砂糖が溶けたらしょうがを入れ、蓋をして40〜50分間煮る。蓋をはずし、さらに水分がなくなるまで煮る。取り出してオーブンペーパーの上に広げ、冷蔵庫で冷やす。
表面にできた結晶は削り取り、ジンジャーシュガーとして別に使う。しょうがはみじん切りにする。

◆かきが小さい場合は、1個と½カットのかきを「ひとかたまり」にして、小麦粉をまぶし、注意深く卵とパン粉にくぐらせて、揚げています。大きさをそろえるためですが、1個と半分の境目があると噛み切りやすく、食べやすくなります。

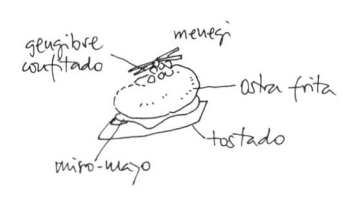

P.16
squid frito
小いかのフライ

[ピンチョ1個分の組み立て]
- バゲットトースト…1枚
- 白みそマヨネーズ(p.118)…小さじ1
- ひいかのフライ*…20g
- レモンの果肉…小角切り2個
- イタリアンパセリ(みじん切り)

バゲットトーストに白みそマヨネーズをのせ、ひいかのフライを盛る。レモンの果肉、イタリアンパセリを散らす。

[ひいかのフライ ピンチョス約12個分]
- ひいか…24はい(または、小やりいか…4はい)
- 塩
- こしょう
- 小麦粉
- 揚げ油

ひいかを掃除する。足と胴に分け、足はそのまま、胴は5mm幅の輪切りにする。塩、こしょうをふり、小麦粉をまぶし、170℃の油でからっと揚げる。よく油をきる。

◆牛追い祭りで有名なパンプローナでは、小いかのフライをマヨネーズとともにパンに挟んだサンドイッチ、ラバスが名物。それをアレンジしたピンチョです。

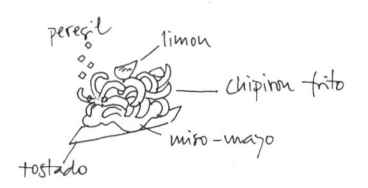

P.16
iberico ham croquette
イベリコハムのコロッケ

[ピンチョ1個分の組み立て]
- バゲットトースト…1枚
- イベリコハムのスライス…1枚
- ポテトサラダ（p.122）…大さじ1
- ライトアイオリ（p.119）…3g
- イベリコハムのコロッケ
  （p.151「イベリコハムのコロッケ」参照）…1個

バゲットトーストにイベリコハムをのせ、ポテトサラダを盛る。ライトアイオリを細いリボン状に絞りかけ、イベリコハムのコロッケをのせる。

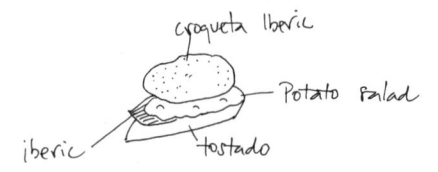

P.16
salad pintxo
しゃきしゃき野菜のピンチョ

[ピンチョ1個分の組み立て]
- バゲットトースト…1枚
- ピクルス入りアイオリーヴィネガー*
  …大さじ½（約10g）
- アセルガの茎（5cmのカット）…適量

バゲットトーストにピクルス入りアイオリーヴィネガーをのせる。バゲットの長さに切り揃え、氷水に放ってから水気をぬぐったアセルガの茎を盛る。

[ピクルス入りアイオリーヴィネガー　仕上がり約170g]
- きゅうりのピクルス…50g
- セロリ…50g
- ライトアイオリ（p.119）…50g
- ピクルスのマリネ液…適量

きゅうりのピクルスとセロリを極小のみじん切りにする。ボウルに合わせ、ライトアイオリであえる。ピクルスのマリネ液を適量加えてゆるめ、酸味と甘みを調整する。

◆アセルガはフダンソウと呼ばれる葉野菜で、ここで使っている「スイスチャード」は、茎の部分が赤、黄、緑…カラフルな商品。アセルガのかわりに、サラダほうれん草やにんじん、きゅうり、だいこんのせん切りを使ってもよいと思います。

P.17
marinated kibinago
きびなご

[ピンチョ1個分の組み立て]
- バゲットトースト…1枚
- アヴォカド、ポテト、ピスタチオのアイオリあえ*…20g
- きびなごのマリネ**…フィレ3枚（1.5尾分）

アヴォカド、ポテト、ピスタチオのアイオリあえをバゲットトーストに盛る。マリネしたきびなごの身をよじってカールさせ、のせる。

[アヴォカド、ポテト、ピスタチオのアイオリあえ　仕上がり約300g]
- アヴォカドの果肉…150g
- じゃがいも…100g
- ピスタチオ（ロースト）…30g
- ライトアイオリ（p.119）…30g
- 塩

アヴォカドの皮とタネを取り、小さめの角切りにする。
じゃがいもを皮つきのままゆで、皮をむき、同様に切る。ピスタチオを粗くきざむ。
すべてをボウルに合わせ、ライトアイオリを加えて混ぜる。塩で味をととのえる。

[きびなごのマリネ　ピンチョス12個分]
- きびなご…18尾
- 塩
- サラダ油…200ml
- 白ワインヴィネガー…40ml

きびなごの表面のぬめりをとり、フィレにおろす。
ボウルに10%の塩水と氷を入れ、フィレを入れて軽く洗う。そのまま約5分間浸けて魚の身を締める。取り出して、キッチンペーパーでよく水気をふきとる。
容器にサラダ油と白ワインヴィネガー、きびなごのフィレを入れ（すっかり浸かるように）、2〜3時間そのままおき、取り出して水分をきる。

◆きびなごを軽めに酢締めして、身をやわらかく仕上げています。ちなみに、きびなごやひこいわしをおろすには、荷造りテープのPPバンドを使うと便利。PPバンドを15cmくらいにカットして、両端をクロスさせ、小さな輪をつくります。その交差点をつまみ、輪の先端をエラ下に差し込んで尾までスライドさせると、きれいにフィレが取れます。包丁で切るよりも早く、しかも理想的な形に取れます。

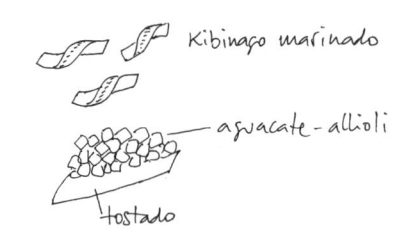

P.18
vinegared boquerón & eggplant
ひこいわしの酢漬けとなす

[ピンチョ1個分の組み立て]
- バゲットトースト…1枚
- なすのエスカリバーダ（p.120）…細切り2本
- ひこいわしの酢漬け*…フィレ2枚（1尾分）
- ライトアイオリ（p.119）…3g
- クリスタル塩
- EVオリーブ油

なすのエスカリバーダをバゲットトーストにのせ、EVオリーブ油とクリスタル塩をふる。ひこいわしの酢漬けをのせ、ライトアイオリを細いリボン状にかける。

[ひこいわしの酢漬け　ピンチョス12個分]
- ひこいわし…12尾
- 塩
- サラダ油…200ml
- 白ワインヴィネガー…40ml

ひこいわしを掃除して、フィレにおろす。
ボウルに10%の塩水と氷を入れ、フィレを入れて軽く洗う。そのまま約5分間浸けて魚の身を締める。取り出して、キッチンペーパーでよく水気をふきとる。
容器にサラダ油と白ワインヴィネガー、ひこいわしのフィレを入れ（すっかり浸るように）、8時間以上おく。取り出して水分をきる。

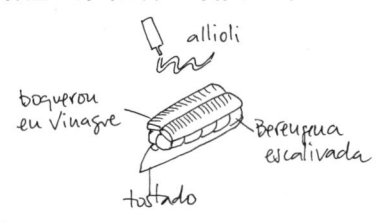

P.18
marinated sardine & red bell pepper
いわしのマリネと赤パプリカ

[ピンチョ1個分の組み立て]
- バゲットトースト…1枚
- 赤パプリカの甘酢マーマレード*
  …細切り4〜5本
- いわしのマリネ**…フィレ1枚（½尾分）
- にんにくチップ…スライス3〜4枚
- シブレット（みじん切り）
- セルフイユ

マリネしたいわしのフィレ1枚を、半分に切る。バゲットトーストに赤パプリカの甘酢マーマレードを盛り、いわしを形よく並べてのせる。にんにくチップ、シブレット、セルフイユを散らす。

[赤パプリカの甘酢マーマレード　つくりやすい量]
- 赤パプリカ…2個
- グラニュー糖…20g
- 白ワインヴィネガー…15ml

赤パプリカをエスカリバーダにする（p.120）。このとき、焼いたパプリカを蒸らす間に出たジュースを取りおく。赤パプリカは約5mm幅の細切りにする。
グラニュー糖と白ワインヴィネガーを鍋にとって中火にかけ、溶けたらエスカリバーダのジュース、赤パプリカの細切りを加え、ゴムべらで軽く混ぜる。蓋をして弱火で約30分間加熱する。

[いわしのマリネ　ピンチョス24個分]
- いわし…12尾
- サラダ油…200ml
- 白ワインヴィネガー…40ml
- 塩

いわしを掃除して、フィレにおろす。
ボウルに10%の塩水と氷を入れ、フィレを入れて軽く洗う。そのまま約5分間浸けて魚の身を締める。取り出して水分をよくふき取る。
容器にサラダ油、白ワインヴィネガー、いわしのフィレを入れ（すっかり浸かるように）、8時間〜24時間漬ける（2日間マリネする場合はヴィネガーの量を20%減らす）。
取り出して水分をきる。

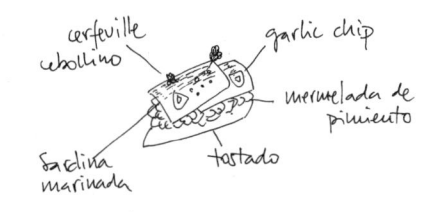

P.18
vinegared boquerón & fresh tomato
ひこいわしの酢漬け、トマト風味

[ピンチョ1個分の組み立て]
- バゲットトースト…1枚
- ひこいわしの酢漬け（p.130「ひこいわしの酢漬けとなす」参照）…フィレ2枚（1尾分）
- トマト（皮をむく）の角切り…大さじ1
- 塩
- EVオリーブ油
- シブレット（みじん切り）

酢漬けしたひこいわしのフィレを2等分する。塩（ごく少量のグラニュー糖を加えてもよい）とEVオリーブ油で軽くあえたトマトを、バゲットトーストに盛る。いわしのフィレ4切れのせ、シブレットをふる。EVオリーブ油を少量かける。

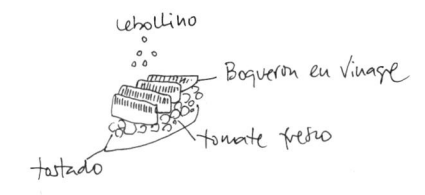

P.18
whitebait ajillo
しらうおのアヒージョ

[ピンチョ1個分の組み立て]
- バゲットトースト…1枚
- しらうおのアヒージョ*…大さじ山盛り1
- にんにくチップ…1つまみ
- イタリアンパセリ（みじん切り）

バゲットトーストにしらうおのアヒージョ（グリーンアスパラガス入り）を盛る。にんにくチップとイタリアンパセリを散らす。

[しらうおのアヒージョ　ピンチョス12個分]
- しらうお…180g
- グリーンアスパラガス（ゆでる）…3〜4本
- にんにく（薄切り）…1かけ分
- 乾燥赤とうがらし…1本
- オリーブ油…30ml
- 塩

グリーンアスパラガスをゆで、氷水にとる。ヨコに3等分して、それぞれをタテに4等分する。フライパンにオリーブ油、にんにく、乾燥赤とうがらしを入れて火にかける。にんにくが色づいたら取り出す（にんにくチップとしてピンチョの仕上げにのせる）。塩をふったしらうお、グリーンアスパラガスを入れ、混ぜながら手早く炒めて（約20秒間）、火を止める。

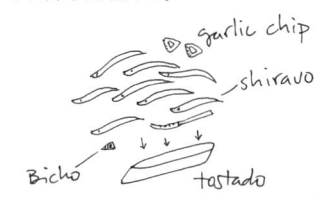

P.19
mussels escabeche
ムール貝のエスカベッシュ

[ピンチョ1個分の組み立て]
- バゲットトースト…1枚
- 赤パプリカの甘酢マーマレード（p.130「いわしのマリネと赤パプリカ」参照）…細切り4〜5本
- ムール貝のエスカベッシュ*…3個
- オレガノ（生）
- クリスタル塩

バゲットトーストに赤パプリカの甘酢マーマレードを盛り、ムール貝のエスカベッシュを並べてのせる。オレガノとクリスタル塩を散らす。

[ムール貝のエスカベッシュ　ピンチョス10個分]
- ムール貝（小）…500g（約30個）
- 火入れ用
  - 白ワイン…20ml
  - オリーブ油…大さじ1
  - にんにく（皮つき、つぶす）…1かけ
- マリナード用
  - にんにく（皮つき、つぶす）…2かけ
  - 乾燥赤とうがらし…1本
  - オリーブ油…50g
  - ローリエ…1枚
  - タイム…2本
  - 黒粒こしょう…12粒
  - パプリカパウダー…小さじ½
  - 白ワインヴィネガー…15ml

深鍋でオリーブ油とにんにくを熱し、香りが出たら、洗ったムール貝を入れて軽く炒め、白ワインを加えて蓋をする。殻の口が開いたら貝を取り出す。身をはずし、アシを掃除する。鍋に残っただしは、シノワでこす。
マリナードをつくる。にんにく、乾燥赤とうがらしをオリーブ油でゆっくりと炒めて香りを引き出す。その他の材料を入れ、蓋をして2〜3分間加熱する。火を止めてそのまま15分間おく。シノワでこし、鍋にもどす。50℃程度まで冷めたらムール貝の身を入れ、蓋をして1時間以上おく。
冷めたら容器に移して冷蔵庫に入れ、1日以上漬けておく。

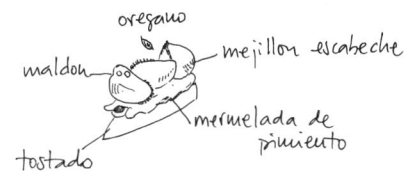

P.20
iberico ham & pisto
イベリコハムとピスト

[ピンチョ1個分の組み立て]
- バゲットトースト…1枚
- ピスト（スペイン風野菜の煮込み）*…大さじ1
- イベリコハムのスライス…2〜3枚
- ライトアイオリ（p.119）…2g

バゲットトーストにピストを盛り、イベリコハムをボリュームが出るようねじってのせる。ライトアイオリを細いリボン状にかける。

[ピスト　つくりやすい量]
- 玉ねぎ…1個
- エシャロット…4個
- パプリカピーマン（赤、黄）…各1個
- ズッキーニ（緑、黄）…各1本
- なす…2本
- にんにく（皮つき、つぶす）…3かけ
- タイム…2本
- ローズマリー…2本
- オリーブ油…50ml
- 塩、こしょう

野菜をすべて5mm角に切る。オリーブ油でにんにくを炒め、玉ねぎ、エシャロットとなすを加えて炒める。さらにパプリカピーマンとなすを加え、最後にズッキーニを加えてさっと炒め合わせ、蓋をしてごく弱火で4〜5分間煮る。塩、こしょうで味をととのえる。

◆ピスト（ラタトゥイユに似た、南欧野菜の煮込み料理）には通常トマトも加えますが、今回はトマト抜きのレシピ。すっきりと仕上げるために、野菜も極小のダイスに切ってさっと煮るにとどめ、色と歯ごたえを生かしています。

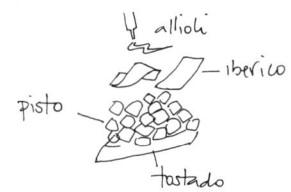

P.21
swordfish adovo
かじきまぐろのアドボ

[ピンチョ1個分の組み立て]
- バゲットトースト…1枚
- グレープフルーツの果肉（小角切り）…小さじ2
- ライトマヨネーズ（p.118、または普通のマヨネーズ）…小さじ1
- かじきまぐろのマリネ揚げ*…3〜4個
- ラディッシュ…¼個
- パプリカパウダー…適量
- イタリアンパセリ（みじん切り）

グレープフルーツの果肉をライトマヨネーズであえ、バゲットトーストにのせる。かじきまぐろのマリネ揚げ、ラディッシュを盛る。パプリカパウダーとイタリアンパセリを散らす。

[かじきまぐろのマリネ揚げ　ピンチョス12個分]
- かじきまぐろの切り身…250g
- パプリカパウダー…小さじ½
- にんにく（すりおろし）…1かけ
- ドライオレガノ…小さじ1
- 白ワインヴィネガー…大さじ1
- 水…大さじ2
- コーンスターチ…50g
- 塩
- 揚げ油

かじきまぐろの切り身の皮を除き、掃除する。1〜1.5cm角に切る。ボウルに入れ、パプリカパウダー、にんにく、ドライオレガノ、白ワインヴィネガー、水を加えて混ぜる。ラップフィルムをかけ、ひと晩マリネする。
このボウルに塩とコーンスターチを加え混ぜる。魚によくまぶしつけ、170℃の油で揚げる。

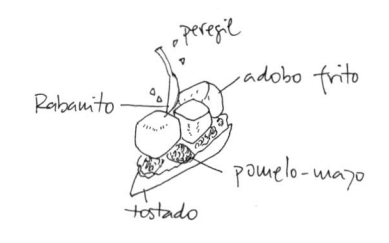

◆魚のマリネ揚げ、「アドボ」はアンダルシア地方の料理。パサつきやすい水分の少ない魚も、アドボにすると驚くほどジューシーな味わいに仕上がります。冷めてもおいしく、ピンチョスにはうってつけ。

P.21
crispy greeneye
めひかりのカリカリ揚げ

[ピンチョ1個分の組み立て]
- バゲットトースト…1枚
- ロメスコソース(p.123)…小さじ1(約10g)
- アーモンド(ロースト)…粗切り少量
- めひかりのカダイフ揚げ*…1尾

バゲットトーストにロメスコソースをぬり、アーモンドを散らす。めひかりのカダイフ揚げをのせる。

[めひかりのカダイフ揚げ　ピンチョス12個分]
- めひかり…12尾
- カダイフ(極細のパスタ)…約60g
- 卵黄…½個分
- 塩、こしょう
- 揚げ油

めひかりの頭を切り落とし、内臓を掃除する。カダイフを4〜5cmの幅に薄く広げ、長さ約12cmにカットする。塩、こしょうをふり、卵黄を軽くからませためひかりを、カダイフで巻く。170℃の油で20〜30秒間揚げ、油をきる。

◆トルコ料理で使われるカダイフを「ころも」にすると、「世界一クリスピーな揚げもの」ができます。めひかり、ひこいわしなどの小魚、チーズ、かにかま、さつま揚げなど、具のバリエーションはいろいろ。火が入るのが早いので、2〜3個ずつ順に揚げてください。

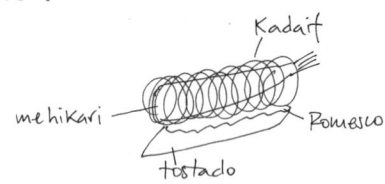

P.21
greeneye frito
めひかりのフライ

[ピンチョ1個分の組み立て]
- バゲットトースト…1枚
- 赤パプリカの甘酢マーマレード(p.130「いわしのマリネと赤パプリカ」参照)…1cm幅のカット2〜3本分
- めひかりのフライ*…1尾
- レモンの果肉…小角切り2個
- イタリアンパセリ(みじん切り)

赤パプリカの甘酢マーマレードを2cm間隔に切る。バゲットトーストの上に並べ、めひかりのフライをのせる。レモンの果肉をのせ、イタリアンパセリを散らす。

[めひかりのフライ　ピンチョス12個分]
- めひかり…12尾
- 小麦粉…適量
- 塩、こしょう
- 揚げ油

めひかりの頭を落とし、内臓を掃除する。塩、こしょうをふり、小麦粉をまぶして、170℃の油で揚げる。

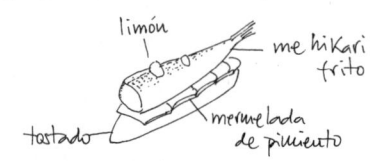

◆写真では、レモンに代えて「へべす」という宮崎県特産の柑橘を使っています。

P.21
egg frito & pisto
卵のフライとピスト

[ピンチョ1個分の組み立て]
- バゲットトースト…1枚
- ピスト(p.131「イベリコハムとピスト」参照)…大さじ山盛り1
- うずら卵のフライ*…1個
- ミント(みじん切り)

バゲットトーストにピストを盛り、うずら卵のフライをのせる。ミントを散らす。

[うずら卵のフライ]
- うずらの卵
- 揚げ油

うずらの卵を割って器にとり、180℃の油にひとつずつ入れ、卵の周囲をかき混ぜながら揚げる。白身が固まって色づいたら引き上げ、油をきる。

◆うずら卵は熱い油で一気に揚げます。中の黄身はとろりとしたまま、白身はツノが立ってカリカリに仕上げます。

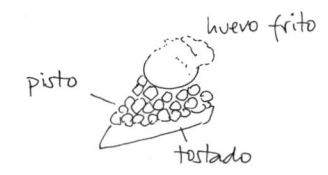

P.22
ham & pickles
ハムとピクルス

[ピンチョ1個分の組み立て]
- バゲットトースト…1枚
- 玉ねぎのコンフィ(p.122)…大さじ½
- ハム*…20g
- ミックスピクルス**…大さじ1
- 芽じそ

ハム(自家製のロースハム、市販のスモークハム、アイスバインなど何でもよい)のスライスを長さ約2cmの細切りにする。
バゲットトーストに玉ねぎのコンフィをぬり、ハムとミックスピクルスを盛る。芽じそを散らす。

[自家製ロースハム　つくりやすい量]
- 豚ロース肉…500g
- 水…1L
- 塩…15g

1.5%の塩水を鍋につくり、豚ロース肉を入れて弱火にかける。70〜75℃を保って1時間半加熱する。火からおろし、塩水の中で冷ます。ラップフィルムで包むか、または少量のゆで汁とともに真空パックして、冷蔵庫で保管する。

[ミックスピクルス　つくりやすい量]
- にんじん…中1本(約150g)
- ビーツ…1個(約150g)
- れんこん…中½節(約100g)
- 赤パプリカ…1個(約100g)
- カリフラワー…⅓株(約100g)
- きゅうり…1本(約100g)

- マリナード
- 水…1L
- 白ワインヴィネガー…200ml
- にんにく(皮つき)…4かけ
- エシャロット(薄切り)…4個
- 塩…15g
- カソナード糖…10g
- ローリエ…3枚
- タイム(生)…少量
- クローヴ…2本
- スターアニス…1個
- 黒こしょう(ホール)…10粒

野菜をそれぞれきれいに洗い、にんじんとれんこんは皮をむいて½〜⅛にカット、赤パプリカは半分に切ってヘタとタネを除く。ビーツは皮をむいて4等分する。
にんじん、カリフラワー、赤パプリカをそれぞれ適切な時間をかけて弱火でゆでる。ビーツは必ず単独でゆでる。きゅうりは10秒間だけゆでる。それぞれ引き上げたらすぐに氷水に入れて冷やす。
ビーツ以外の野菜をバットに並べる。ビーツはボウルに入れる。
鍋にマリナードの材料を合わせて火にかけ、沸いたら火を止めてバットとボウルに分け入れる(野菜がすっかり浸かるように)。
ラップフィルムをかけ、ゆっくりと室温まで冷ましてから冷蔵庫に入れる。48時間以上漬け込んでからおいしくなる。
使用時に1.5mmの小角切りにする。

◆いろいろな野菜をピクルスにしておくとピンチョスに便利に使えます。ミックスすると彩りがきれい。ビーツはぜひ使いたい野菜ですが、色落ちするので、ゆでるのも漬け込むのも他の野菜とは分けて行ないます。

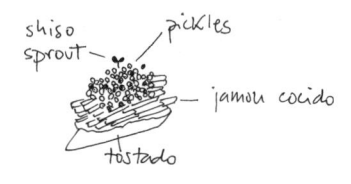

P.22
white asparagus
ホワイトアスパラガス

[ピンチョ1個分の組み立て]
- バゲットトースト…1枚
- ゆで卵のスライス…1枚
- ホワイトアスパラガス(ゆでる、または缶詰)…1本
- ライトアイオリ(p.119)…3g
- アンチョビのフィレ…⅛カット2枚
- ピスタチオ(ロースト、粗切り)
- 芽ねぎ

ゆで卵をスライサーでカットし、1枚を半分に切る。
バゲットトーストに卵をのせてライトアイオリをかけ、2等分したホワイトアスパラガス、アンチョビのフィレをのせる。ピスタチオと芽ねぎを散らす。

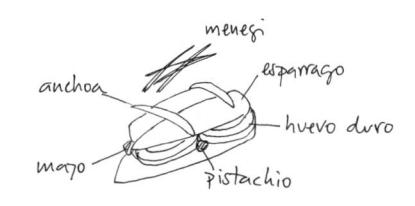

P.22
sofrito
ソフリート

[ピンチョ1個分の組み立て]
- バゲットトースト…1枚
- トマトと玉ねぎのソフリート*
  …大さじ山盛り1（25g）
- ポロねぎのフライ…適量

バゲットトーストにトマトと玉ねぎのソフリートを盛り、ポロねぎのフライ（せん切りにして素揚げしたもの）をのせる。

[トマトと玉ねぎのソフリート　仕上がり約200g]
- トマト（皮、タネは除く）の粗切り…200g
- 玉ねぎのみじん切り…250g
- にんにく（すりおろす）…1かけ
- オリーブ油…40g
- 塩

鍋にオリーブ油とにんにくを入れて炒め、玉ねぎを加えて弱火で約30分間加熱する。とろとろになったらトマトを入れて強火にし、混ぜながら加熱する。水分がとんだら火を弱め、さらに30分間加熱する。煮詰まってコンパクトになり、スプーンでクネル形にできる状態になったら火を止める。
塩で味をととのえる。

P.22
boneless chicken wing — green pepper
とり手羽のアヒージョと青とうがらし

[ピンチョ1個分の組み立て]
- バゲットトースト…1枚
- 玉ねぎのコンフィ（p.122）…大さじ½
- 甘長とうがらしの素揚げ…2〜3本
- 鶏のにんにく風味揚げ*…1個
- イタリアンパセリ（みじん切り）
- クリスタル塩

バゲットトーストに玉ねぎのコンフィをぬり、素揚げした甘長とうがらしと鶏のにんにく風味揚げをのせる。イタリアンパセリとクリスタル塩を散らす。

[鶏のにんにく風味揚げ　ピンチョス12個分]
- 鶏の手羽中…12本
- にんにく（スライス）…2かけ
- 乾燥赤とうがらし…½本
- オリーブ油…60ml
- 塩、こしょう
- 揚げ油

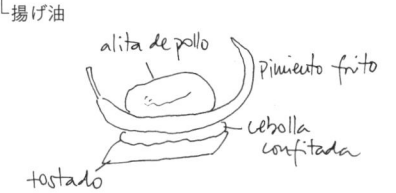

鶏の手羽中の端から、2本の骨を抜く。細い骨は指で抜き、太い骨は包丁の刃先で周囲のスジを切ってから抜き取る。
ボウルに鶏肉、にんにく、乾燥赤とうがらし、オリーブ油を入れ、12時間マリネする。

鶏肉に塩、こしょうをふり、170℃の油で揚げる。塩で味をととのえる。

P.23
soft cheese & orange marmalade
チーズとオレンジマーマレード

[ピンチョ1個分の組み立て]
- バゲットトースト…1枚
- ソフトチーズ*…1切れ
- オレンジマーマレード**…小さじ1
- ヘーゼルナッツ（ロースト）…1個
- 食用花
- みず菜

バゲットトーストにソフトチーズをのせ、オレンジマーマレードをかける。食用花、ヘーゼルナッツ、みず菜を散らす。

[ソフトチーズ]
- 牛乳製のチーズ（カマンベール、スペイン産ケソ・ティエルノなど、熟成の若めのもの）
- 牛乳（必要なら）

カマンベールのようにやわらかいチーズは、カットしてそのまま使う。ケソ・ティエルノなら室温においてから少量の牛乳を混ぜてやわらかくする。よりかたいチーズなら、少量の牛乳とともに鍋に入れて軽く火にかけ、溶かす。

[オレンジマーマレード　仕上がり約260g]
- 厚くむいたオレンジの皮…200g
- グラニュー糖…100g
- オレンジのしぼり汁…50ml
- オレンジのリキュール…30ml

オレンジの皮を厚くむく（内側の白い部分もつける）。水からゆで、沸騰したらざるに上げ、水洗いする。極細に切り分けて鍋にとり、グラニュー糖、オレンジのしぼり汁、オレンジリキュールを加えて弱火で煮る。
あまり煮詰めずに、若干水分を残したコンポート状に仕上げる。

P.26
mushroom — iberico ham — parmesan
シャンピニョン、イベリコハム、パルメザン

[ピンチョ1個分の組み立て]
- パンフリット…1枚
- ピーマンの素揚げ*…2.5×2.5cmのカット1枚
- イベリコハム…スライス1枚
- シャンピニョンのコンフィ**…1個
- パルメザンチーズ…3g

パンフリットにピーマンの素揚げ、イベリコハム、シャンピニョンのコンフィを重ね、串を刺す。マイクロプレーンでおろしたパルメザンチーズをたっぷりとかける。

[ピーマンの素揚げ　ピンチョス4個分]
- ピーマン…1個
- 揚げ油
- クリスタル塩

ピーマンを丸ごと素揚げする。油をきり、半分に切ってタネを除き、パンフリットと同じ大きさ（約2.5cm×2.5cm）にカットする。クリスタル塩をかける。

[シャンピニョンのコンフィ　ピンチョス12個分]
- シャンピニョン…12個
- にんにく（皮つき、つぶす）…2かけ
- 乾燥赤とうがらし…1本
- オリーブ油…150ml
- 塩

鍋ににんにく、乾燥赤とうがらし、オリーブ油を入れ、火にかける。熱くなったらシャンピニョンを入れ、弱火で6〜7分間煮る。火を止め、蓋をして15分間おく。
蓋をはずして完全に冷ます。容器に移し、軽く塩をふる。

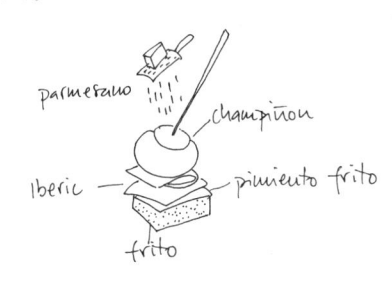

P.27
"œuf-mayo"
ウフマヨ

[ピンチョ1個分の組み立て]
- パンフリット…1枚
- ゆで卵の白身…½個分
- ゆで卵黄の裏ごし…½個分
- ライトマヨネーズ（p.118または普通のマヨネーズ）…小さじ½
- ツナのマヨネーズあえ*…10g

ゆで卵を半分にカットして、卵黄を取り出す。卵黄は裏ごしする。
パンフリットにライトマヨネーズをぬり、ゆで卵の白身を切り口を上にしてのせる。ツナのマヨネーズあえをたっぷりと盛り、卵黄の裏ごしをかける。

[ツナのマヨネーズあえ　約120g]
- ツナ（缶詰）…100g
- ライトマヨネーズ（p.118、または普通のマヨネーズ）…大さじ2
- 塩

ツナを軽くほぐし、塩で味をととのえたライトマヨネーズであえる。

P.27
namero
なめろう

[ピンチョ1個分の組み立て]
- パンフリット…1枚
- あじのなめろう*…大さじ山盛り1（約25g）
- 花穂じそ
- あさつき（みじん切り）

パンフリットにあじのなめろうを盛り、花穂じそ、あさつきをふりかける。

[あじのなめろう　ピンチョス4個分]
- 刺身用あじ（中）…1尾（可食部約100g）
- EVオリーブ油…大さじ1
- みそ（粒はつぶす）…20g
- 青じそ…10g
- ねぎ（みじん切り）…15g
- みょうが（薄切り）…10g
- 塩

あじの身を包丁の刃で細かく叩く。ボウルにとって、残りの材料を加え混ぜる。

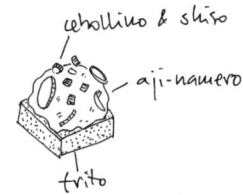

P.27
bell pepper escalivada
パプリカピーマンのエスカリバーダ

[ピンチョ1個分の組み立て]
- パンフリット…1枚
- ピーマンの素揚げ（p.133「シャンピニオン、イベリコハム、パルメザン」参照）…1枚
- 赤、黄、オレンジパプリカのエスカリバーダ（p.120）…2cm×2.5cmのカット各1枚
- イタリアンパセリ（みじん切り）
- クリスタル塩
- EVオリーブ油

パンフリットにピーマンの素揚げをのせ、3色のパプリカのエスカリバーダをそれぞれロールにして積み上げる。イタリアンパセリとクリスタル塩を散らし、EVオリーブ油をかける。

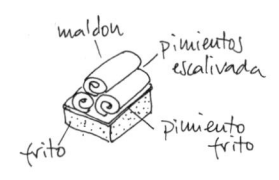

P.27
whitebait scrambled egg
しらすのスクランブルエッグ

[ピンチョ1個分の組み立て]
- パンフリット…1枚
- ピーマンの素揚げ（p.133「シャンピニオン、イベリコハム、パルメザン」参照）…1枚
- しらすのスクランブルエッグ*…大さじ山盛り1
- あさつき（みじん切り）

パンフリットにピーマンの素揚げをのせ、しらすのスクランブルエッグを盛る。あさつきを散らす。

[しらすのスクランブルエッグ　ピンチョス8個分]
- しらす（生）…60g
- 卵…2個
- 水…20ml
- オリーブ油…大さじ1
- 塩、こしょう

しらす、卵、水をボウルに合わせ、塩、こしょうを加える。
フッ素樹脂加工のフライパンに油を引いて火にかけ、熱くなったら卵液を加えて火を止める。ゴムべらで手早くかき混ぜながらフライパンの余熱で火を入れる。ふわふわの状態に仕上げる。

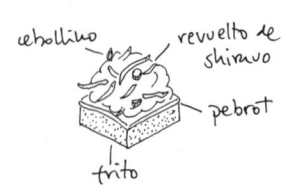

P.28
goat cheese & honey
山羊チーズのはちみつ風味

[ピンチョ1個分の組み立て]
- パンフリット…1枚
- 玉ねぎのコンフィ（p.122）…小さじ1
- 表面を焼いた山羊のチーズ*…1切れ
- ヘーゼルナッツ（ロースト）…1個
- はちみつ…2〜3滴

パンフリットに玉ねぎのコンフィを盛り、表面を焼いた山羊のチーズを重ねる。ヘーゼルナッツをのせ、はちみつを添える。

[表面を焼いた山羊のチーズ]
山羊のチーズを厚さ1.5cmに切り分け、直径3.3cmの抜き型で抜く。
チーズの片面を、フッ素樹脂加工のフライパンで焼き固め、スパテラではがしとる。

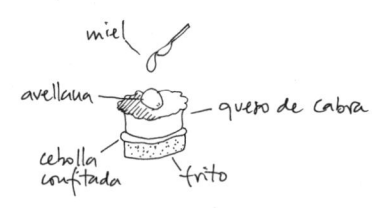

P.28
bacalao esqueixada
バカラオのエスケイシャダ

[ピンチョ1個分の組み立て]
- パンフリット…1枚
- 黒オリーブのみじん切り…小さじ1
- トマト（皮をむく）の角切り…大さじ山盛り1
- バカラオのエスケイシャダ*…大さじ山盛り1（約15g）
- 玉ねぎの極薄スライス（水にさらす）…少量

パンフリットに黒オリーブをのせ、トマト、バカラオのエスケイシャダを重ねる。玉ねぎをのせる。

[バカラオのエスケイシャダ　ピンチョス8個分]
- バカラオ（スペインかポルトガル産または甘塩たら）…100g（もどし後130g）
- EVオリーブ油…適量

バカラオ（皮つきのまま）を1Lの水とともにボウルに入れ、冷蔵庫に2〜3日間おいてもどす。新しい水に取り替えてさらに1日おき、塩抜きする。味をみて「少し塩気を感じる」程度が目安で、塩味が強すぎる場合は水を替えてさらに少しおく（時間を短縮したい場合は、流水で塩抜きで、もしくはバカラオを細かくしてから塩抜きする）。
皮を取り除き、身をほぐす。EVオリーブ油であえる。

注）日本の甘塩たらを使う場合は、最初のもどし期間は1日でよい。甘塩たらの塩気が充分でなく、水分が多い場合は、粗塩で2〜3日間漬けてから使うとよい。その場合、水に2日浸けてもどしてから、新しい水に1日浸けて塩抜きする。

◆元になる動詞「エスケイシャール」は、「裂く、むしる」といった意味で、エスケイシャーダはバカラオ（塩乾のたら）をもどして手でほぐし、オリーブ油であえたシンプルな料理です。上質で香り高いEVオリーブ油を使うことがポイント。日本の固い干しだらは向かないので、スペインかポルトガル産のバカラオ、もしくは甘塩のたらを使ってください。

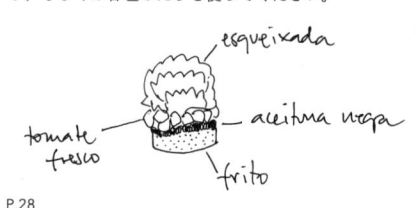

P.28
brandada & bel pepper escalivada
ブランダーダのピーマン巻き

[ピンチョ1個分の組み立て]
- パンフリット…1枚
- バカラオのブランダーダ*…15g
- オレンジパプリカのエスカリバーダ（p.120）…1/8個分
- タイム
- クリスタル塩
- EVオリーブ油

パプリカのエスカリバーダを2.5cm幅にカットする。バカラオのブランダーダを巻き、パンフリットにのせる。タイム、クリスタル塩をのせ、EVオリーブ油をかける。

[バカラオのブランダーダ　ピンチョス12個分]
- スペインかポルトガル産のバカラオ（または甘塩たら）…100g（もどし後130g）
- にんにくのスライス…大1かけ分
- オリーブ油…50ml
- 牛乳…40〜50ml

バカラオを水でもどし、塩抜きする（「バカラオのエスケイシャダ」参照）。皮を除く。
にんにくとオリーブ油を鍋に入れ、70℃で加熱してにんにくをコンフィにする。この鍋にほぐしたバカラオを入れ、温める。
すべてをフードプロセッサーに移す。温めた牛乳を少しずつ加えながら回し、ピュレ状にする。味をみて、必要なら塩を加える。

◆バカラオ料理のブランダーダには、国や地域によっていろいろなスタイルがあります。これは牛乳とにんにくオイルだけでつくるさっぱりタイプ。牛乳を煮詰めるか、あるいは生クリームを使うと、よりかためで、コクのある仕上がりになります。

P.28
prawn rolled in zucchini
えびのズッキーニ巻き

[ピンチョ1個分の組み立て]
- パンフリット…1枚
- ズッキーニの薄切り(長さ約12cm)…3〜4枚
- えびのアヒージョ*…½尾分
- アヒージョクリーム*…小さじ1
- クリスタル塩
- EVオリーブ油

ズッキーニを塩ゆでし、氷水にとって水気を取る。えびのアヒージョ(3〜4カット)を巻く。
パンフリットにアヒージョクリームをぬり、ズッキーニ巻きをのせる。クリスタル塩をふり、EVオリーブ油をかける。

[えびのアヒージョ　ピンチョス20個分]
- アルゼンチンえび(頭と殻つき)…10尾(約200g)
- にんにく(皮つき、つぶす)…1かけ
- 乾燥赤とうがらし…½本
- オリーブ油
- 塩、こしょう

えびの頭と殻を取り、尾と背わたを除く。身を7〜8mm幅に切り分ける。
オリーブ油でえびの頭と殻を炒める(強火)。約30秒で取り出し、網にのせ、スプーンなどでみそを押し出してこす。
にんにくと乾燥赤とうがらしをオリーブ油で炒め、えびの身を入れる。さっと炒め、塩、こしょう、えびのみそを加えて火を止める。冷やす。

[えびのアヒージョクリーム]
- えびのアヒージョ
- クリームチーズ

えびのアヒージョの切れ端を集め、フードプロセッサーにかけてピュレにする。ゴムべらで練ってやわらかくした同量のクリームチーズと混ぜ合わせる。味を確認して、必要なら塩を加える。

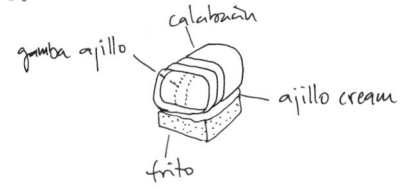

P.28
sautéed pork belly & spinach
豚ばらソテーとほうれん草

[ピンチョ1個分の組み立て]
- パンフリット(ディスク)…1枚
- ゆで塩豚ばら肉*…厚さ1cm、直径3.3cmのディスク1枚
- サラダ油
- 玉ねぎのコンフィ(p.122)…小さじ1
- ほうれん草のソテー…大さじ1
- 黒こしょう

ゆで塩豚ばら肉のブロックを、厚さ1cmに薄切りし、直径3.3cmの抜き型で円形に抜く。少量のサラダ油を引いたフライパンで、ソテーする。
パンフリットに玉ねぎのコンフィをぬり、ほうれん草のソテー(オリーブ油でソテーして塩をふり、水気をよくぬいたもの)をのせる。豚ばら肉のソテーを重ね、黒こしょうを挽きかける。

[ゆで塩豚ばら肉　つくりやすい量]
- 豚ばら肉…1.5kgのブロック
- 水…10L
- 塩…1.5kg
- 香味野菜(にんじん、玉ねぎ、セロリ)…適量
- ローリエ…1枚

豚ばら肉のブロックを、15%の塩水で6日間マリネする(肉1kgにつき4日間)。
取り出して水でよく洗い、水気をよくぬぐう。
鍋に水、香味野菜、豚ばら肉のブロック、ローリエを入れて火にかける。火が通るまで30分〜1時間ゆでる。肉を引き上げて冷ます。
真空パックして保存する場合は、少量のゆで汁とともにパックする(圧をかけすぎない)。

◆塩漬けしてゆでた豚ばら肉は冷凍保存も可能。まとめて仕込んでおくと重宝します。

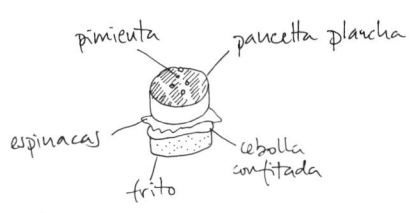

P.29
sautéed pork belly & chickpeas
豚ばらソテーとひよこ豆

[ピンチョ1個分の組み立て]
- パンフリット(ディスク)…1枚
- ひよこ豆(水煮、皮をむく)…8〜10個
- サワークリーム…小さじ1
- ゆで塩豚ばら肉(「豚ばらソテーとほうれん草」参照)…厚さ1cm、直径3.3cmのディスク1枚
- サラダ油、塩

ゆで塩豚ばら肉のディスクを、少量のサラダ油を引いたフライパンで、ソテーする。
ひよこ豆をサワークリームであえ、塩で味をととのえる。パンフリットにのせ、豚ばら肉のソテーを重ねる。

◆乾燥ひよこ豆を使う場合は、ひと晩水に浸けもどしてから、熱湯でやわらかくなるまでゆでます。

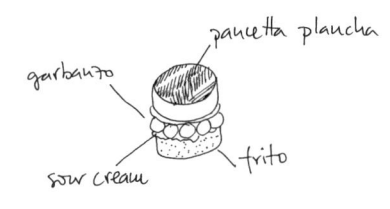

P.29
cocido salad
コシードのサラダ風

[ピンチョ1個分の組み立て]
- パンフリット…1枚
- ゆで塩豚ばら肉(「豚ばらソテーとほうれん草」参照)…10g
- ひよこ豆(水煮、皮をむく)…8〜10個
- サワークリーム…小さじ1
- 塩

ゆで塩豚ばら肉を約7mm角に切る。
ひよこ豆、豚ばら肉、サワークリームをあえる。塩で味をととのえ、パンフリットにのせる。

◆以上3種のピンチョスは、豚ばら肉をハムに代えてもOKです。

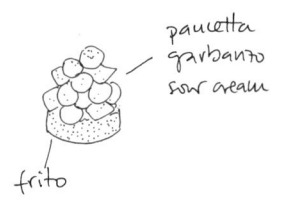

P.29
flesh baby peas
フレッシュベイビーピー

[ピンチョ1個分の組み立て]
- パンフリット…1枚
- スナップえんどうの豆…3さや分
- 玉ねぎのコンフィ(p.122)…小さじ1
- ミント
- EVオリーブ油
- クリスタル塩

スナップえんどうのさやから豆を取り出す。塩湯でさっとゆで、氷水にとる。
パンフリットに玉ねぎのコンフィを盛り、えんどう豆をのせる。ミントの葉をさし、クリスタル塩を散らす。EVオリーブ油をかける。

◆新鮮な豆の香りが主役。できるだけ提供直前にさやから取り出します。

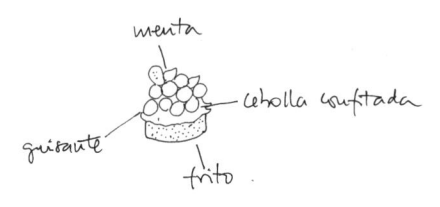

P.30
tomato onion
トマトオニオン

[ピンチョ1個分の組み立て]
- パンフリット…1枚
- ドライトマトペースト*…小さじ½
- トマトと玉ねぎのソフリート(p133「ソフリート」参照)…約20g

パンフリットにドライトマトペーストをぬり、トマトと玉ねぎのソフリートをこんもり盛る。

[ドライトマトペースト　仕上がり約150g]
- セミドライトマト…60g(4〜5個)
- 赤パプリカのエスカリバーダ(p.120)…30g(約½個)
- 松の実(ロースト)…30g(20〜25粒)
- オリーブ油…30ml

セミドライトマト、赤パプリカのエスカリバーダ、松の実、オリーブ油をフードプロセッサーにかけて、ペースト状にする。
(セミドライトマトを自家製する場合は、ヘタを取ったトマトを半分に切って天板に並べ、オリーブ油をかけて、100℃以下のオーブンで約6時間加熱する。)

◆松の実入りのドライトマトペーストは、甘み、酸味、コクのバランスがしっかりとれた、クリーミーなもの。少量でおいしさを決めてくれます。

P.30
squid & pancetta
いかのパンチェッタ巻き

[ピンチョ1個分の組み立て]
- パンフリット…1枚
- 赤パプリカの甘酢マーマレード(p.130「いわしマリネと赤パプリカ」参照)…細切り2本
- いかのパンチェッタ巻きソテー*…1個
- シブレット(みじん切り)
- EVオリーブ油

赤パプリカの甘酢マーマレードを細かく切る。パンフリットにのせ、いかのパンチェッタ巻きソテーをのせる。シブレットをふり、EVオリーブ油をかける。

[いかのパンチェッタ巻きソテー ピンチョス12個分]
- 刺身用やりいか…1ぱい(掃除した身150g)
- パンチェッタ(冷凍する)…20g
- オリーブ油

いかの身を半分(約5cm幅)に切り、極細に切る。冷凍したパンチェッタをスライサーで極薄にスライスし、幅1.5cm幅に切る。
いかの細切りひとつまみをパンチェッタにのせ、2、3周巻く。オリーブ油でさっとソテーする。いかは半生に仕上げ、軽く塩をふる。

P.30
sardine & red bell pepper terrine
いわしと赤パプリカのテリーヌ

[ピンチョ1個分の組み立て]
- パンフリット…1枚
- 黒オリーブのピュレ…小さじ1
- いわしと赤パプリカのテリーヌ*
  …1.5cm×4cmのカット1個
- 黒こしょう
- クリスタル塩
- EVオリーブ油

パンフリットに黒オリーブのピュレ(黒オリーブの果肉を少量のオリーブ油とともにフードプロセッサーにかけたもの)をぬる。
テリーヌをのせ、黒こしょうを挽きかけ、クリスタル塩をふる。EVオリーブ油をかける。

[いわしと赤パプリカのテリーヌ ピンチョス24個分]
- いわしのマリネ(p.130「いわしマリネと赤パプリカ」参照)…フィレ18~21枚
- 赤ピーマンのエスカリバーダ(p.120)…3個

12cm×12cm×高さ5cmの型にラップフィルムを敷く(四辺の端が外に出るように)。皮目を下にしていわしを並べる(頭と尾の向きを互い違いに並べて、幅と厚みを一定にする)。いわしのフィレ6~7枚が必要。
その上に、赤パプリカのエスカリバーダ(細切りしていないもの)を敷き詰める。
さらにいわし、赤パプリカ、いわし、と重ねる。
ラップフィルムで表面をぴったりと覆い、重石をして、冷凍庫に入れる。半日で固まる。

テリーヌを取り出してキッチンペーパーの上におく。数分間たったら1ピースが約1.5cm×4cmになるよう切り分ける。そのまま解凍しながら水気をきる。解凍したら冷蔵庫で保管する。

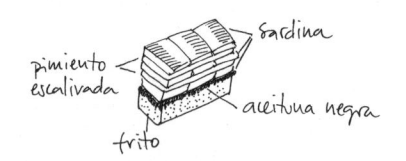

P.30
squid tartar
いかのタルタル

[ピンチョ1個分の組み立て]
- パンフリット…1枚
- ライトアイオリ(p.119)…小さじ1
- いかのタルタル、ケイパー入り*
  …大さじ山盛り1
- クリスタル塩
- EVオリーブ油

パンフリットにライトアイオリをぬり、いかのタルタルをのせる。クリスタル塩、EVオリーブ油をかける。

[いかのタルタル、ケイパー入り ピンチョス15個分]
- 刺身用やりいか…1ぱい(掃除した身150g)
- ケイパー(小粒)…15~20g
- シブレット(みじん切り)

いかを細切りして、細かく叩く。ケイパー、シブレットを混ぜる。

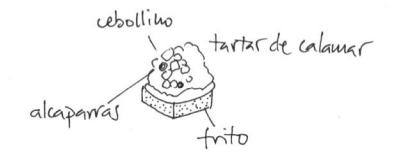

P.31
roast wagyu — blue cheese — nuts, "Yuji"
和牛のローストビーフ、ブルーチーズとナッツ

[ピンチョ1個分の組み立て]
- パンフリット…1枚
- ブルーチーズ…小さじ1
- 和牛のロースト*…薄切り3枚(約15g)
- 松の実(ロースト)…3~4個
- レーズン(ブランデーでもどす)…2~3粒
- シブレット(みじん切り)
- セルフイユ
- クリスタル塩
- 黒こしょう

パンフリットにブルーチーズをぬり、和牛ローストの薄切りを丸めてのせる。松の実、レーズン、シブレット、セルフイユをのせる。クリスタル塩、黒挽きこしょうをかける。

[和牛ロースト つくりやすい量]
- 和牛のフィレ…500gのブロック
- 塩、こしょう
- サラダ油

和牛フィレのブロックを細長く4分割する。これを1本単位で使う。
表面に塩、こしょうをまんべんなくふり、サラダ油を引いたフライパンで表面を焼き固める。

アルミ箔で包む。中火のオーブンに1分間入れ、取り出して休ませ、再び1分間入れ、休ませ…と計3~4回繰り返して内部を均一なピンク色に仕上げる。

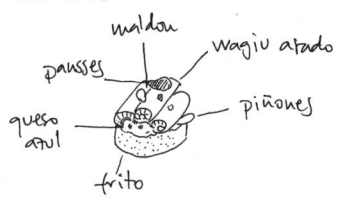

P.32
goat cheese & onion marmalade
山羊のチーズと玉ねぎのマーマレード

[ピンチョ1個分の組み立て]
- パンフリット(ディスク)…1枚
- 玉ねぎのマーマレード(p.122)…小さじ1
- 山羊のチーズ…15g
- 炭…少量
- 芽ねぎ

パンフリットに玉ねぎのコンポートをぬる。直径3.3cmの抜き型で円形に抜いた山羊のチーズに灰(ねぎを真っ黒に焦がして炭にし、粉状にしたもの)をまぶしてのせる。芽ねぎを散らす。

P.32
caviar & blini
キャヴィアとブリニ

[ピンチョ1個分の組み立て]
- ブリニ*(直径約4cm)…1枚
- キャヴィア…小さじ1
- サワークリーム…小さじ½

ブリニにサワークリームとキャヴィアをのせる。

[ブリニ 約20枚分]
- 小麦粉…100g
- プレーンヨーグルト…60g
- 卵…1個
- グラニュー糖…小さじ1
- ベーキングパウダー…2g
- 塩
- バター…適量

卵とプレーンヨーグルトをきれいに混ぜ合わせる。これに小麦粉とベーキングパウダー(合わせてふるったもの)を加え、均一になるまで混ぜる。塩、グラニュー糖を加え混ぜ、ラップフィルムをかけて20分間休ませる。
フライパンで少量のバターを熱し、泡立ったら、ブリニ生地をスプーン1杯分落として焼く。

◆このブリニはキャヴィア用なので、生地に少し酸味をもたせています。材料のヨーグルトを牛乳に変えると、ホットケーキのようなやさしい味になります。

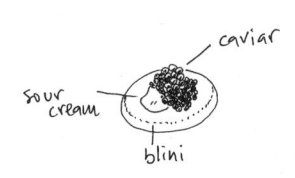

P.32
salmon confit & red cabbage
サーモンのコンフィと紫きゃべつ

[ピンチョ1個分の組み立て]
- パンフリット…1枚
- 紫きゃべつのソテー…大さじ1
- サーモンのコンフィ*
  …2.5cm×2.5cmのカット1個
- 砕いた黒こしょう
- クリスタル塩

パンフリットに紫きゃべつのソテー（塩ゆでしてせん切りし、サラダ油でさっと炒めたもの）をのせる。サーモンのコンフィをのせ、砕いた黒こしょうとクリスタル塩をのせる。

[サーモンのコンフィ　ピンチョス約20個分]
- 生サーモン…約300gのブロック
- 塩…適量
- にんにく（つぶす）…1かけ
- ディル…数本
- サラダ油…250〜300ml

サーモンは身の分厚い中央部（厚さ2〜3cm）のブロックを使う。皮を除く。
バットに塩を敷きつめ、サーモンを置き、塩を一面にふる（身が見えなくなるまで）。サイドにも塩をまぶし、40分〜1時間マリネする。冷水で洗い、キッチンペーパーで水気をよくぬぐう。サラダ油ににんにくを入れて火にかけ、約45℃程度に温めて火からおろす。サーモンを浸け（身が完全に浸かるように）、そのまま冷ます。

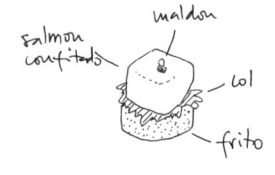

P.32
goat cheese macaron
山羊のチーズのマカロン

[ピンチョ1個分の組み立て]
- くるみ風味のマカロン*…焼いた生地2枚
- 山羊のチーズ…約7g

山羊のチーズを2cm大のボールに丸め、つぶして円盤にする。2枚のマカロンで挟む。

[くるみ風味のマカロン　約30枚分]
- くるみパウダー…90g
- アーモンドパウダー…40g
- 粉糖…130g
- 卵白A…45g
- 水…30ml
- グラニュー糖…130g
- 卵白B…35g

くるみパウダー、アーモンドパウダー、粉糖を合わせて2〜3回ふるう。ボウルに入れ、卵白Aを加えてゴムべらでよく混ぜる。
卵白Bを泡立てる。並行して水とグラニュー糖を合わせて火にかけ、117℃まで加熱する。軽くツノが立つほど泡立てたBにこれを少しずつ加えながら高速で泡立て、イタリアンメレンゲにする。

ボウルの生地にイタリアンメレンゲを2〜3回に分けて加え混ぜる。
口径1cmの丸口金をつけた絞り袋に生地を入れ、オーブンペーパーを敷いた天板に直径約3cmに丸く絞り出す。15〜20分間そのままおいて、生地を乾かす。
155℃に予熱したオーブンで約10分間焼く。

P.33
scallop pancetta
ほたてのパンチェッタ巻き

[ピンチョ1個分の組み立て]
- パンのチップ…1枚
- ほたて貝柱…1個
- パンチェッタ…極薄スライス1枚
- サラダ油

冷凍したパンチェッタをスライサーで極薄にスライスし、約1.5cm幅に切る。掃除したほたて貝柱の周りに巻きつけ（2〜3周）、少量のサラダ油を引いたフライパンで上下の面をさっと焼く。パンのチップにのせる。

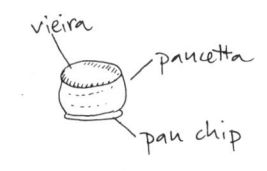

P.33
ham & salami mille-feuille
ハムとサラミのミルフイユ

[ピンチョ1個分の組み立て]
- パンのチップ…1枚
- ハムとサラミのミルフイユ*
  …2cm×3cmのカット1個

ハムとサラミのミルフイユをパンのチップにのせる。

[ハムとサラミのミルフイユ　24個分]
- ハム…100g
- サルシチョン（またはモルタデッラ）…100g
- クリームチーズ…250g

ハムとサルシチョンをそれぞれスライサーで薄切りする。
クリームチーズをミキサーにかけて、やわらかくする。
12cm×12cm×高さ5cmの型にラップフィルムを敷く（四辺の端は外に出るように）。ハムの薄切りを一面に並べ、クリームチーズをゴムべらでぬる。次にサルシチョンを同様に並べ、クリームチーズ、ハムノ、厚さ約3cmになるまで繰り返す。ラップフィルムで表面をぴったりと覆い、軽く重石をしてプレスする。

1ピースが2cm×3cmになるようカットする（6等分×3等分）。

◆サルシチョンはスペインのソフトタイプのサラミです。

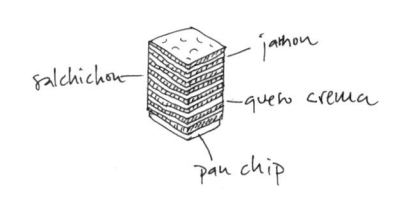

P.33
bacalao bnuyols
たらのブニュエロ

[ピンチョ1個分の組み立て]
- バカラオのブニュエロ*…1個

[バカラオのブニュエロ　40個分]
- じゃがいも（メークイン）…2個（約350g）
- もどしたバカラオ（または甘塩たら）…200g
- にんにく…1かけ
- イタリアンパセリ（みじん切り）…小さじ½
- 卵黄…2個分
- 小麦粉…60〜70g
- 卵白…1個分
- 塩、こしょう
- 揚げ油

バカラオ（または甘塩たら）をもどし、塩抜きする（p.134「バカラオのエスケイシャダ」参照）。皮を取り除く。
皮をむいて適当な大きさに切ったじゃがいも、半分に切って芯を除いたにんにくを、水からゆでる。15〜20分後（沸いたら蓋をする）、串が通るようになったら、バカラオを軽くほぐして入れ、30秒間ほど一緒にゆでる。
ざるにあけて水気をきり、ボウルに移す。フォークで粗くつぶし、卵黄、小麦粉を加えて混ぜる。塩、こしょうで味をととのえ、イタリアンパセリを加える。
ツノが立つまで泡立てた卵白をボウルに加え、泡をつぶさないようゴムべらで混ぜる。この生地をひとつまみごとに160〜170℃の油で揚げる。

◆じゃがいもとバカラオの揚げもの、ブニュエロをふんわり仕上げるためのポイントは、メレンゲと小麦粉の量のバランス。生地を合わせたら少量を試しに揚げ、ふんわりとした丸い形にならなければメレンゲを足し、形がまとまらず散ってしまうなら小麦粉を足します。揚げるときはひとつまみずつ。形が少し不揃いのほうが楽しい仕上がりになります。

コカでピンチョス

P.34
black olive — anchovy
黒オリーブとアンチョビのコカ

[ピンチョ1個分の組み立て]
- パンフリット…1枚
- 黒オリーブ（みじん切り）…小さじ1
- 赤パプリカのエスカリバーダ（p.120）
  …2.5cm幅のカット1本
- アンチョビのフィレ…¼カット1枚
- エシャロットのコンフィ（後述「エシャロットのコカ」参照）…¼～½個
- シブレット（みじん切り）
- セルフイユ
- クリスタル塩
- EVオリーブ油

エシャロットのコンフィの皮をむき、適度な大きさにカットする。
パンフリットに黒オリーブのみじん切りを敷き、赤パプリカのエスカリバーダ、アンチョビ、エシャロットをバランスよくのせる。シブレット、セルフイユ、クリスタル塩を散らし、EVオリーブ油をかける。

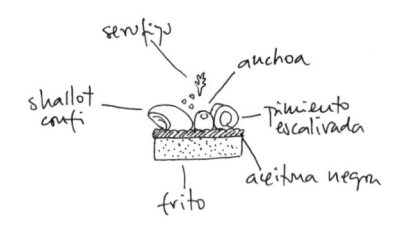

P.34
anchovy — red bell pepper
アンチョビと赤パプリカのコカ

[ピンチョ1個分の組み立て]
- パンフリット…1枚
- 玉ねぎのコンフィ（p.122）…小さじ2
- アンチョビのフィレ…⅙カット2枚
- 赤パプリカのエスカリバーダ（p.120）
  …2.5cm幅のカット1枚
- ヘーゼルナッツ（ロースト、きざむ）
- ピスタチオ（ロースト、きざむ）
- シブレット（みじん切り）
- セルフイユ

パンフリットに玉ねぎのコンフィを盛り、赤パプリカのエスカリバーダをのせる。アンチョビのフィレをねじってのせ、ヘーゼルナッツ、ピスタチオ、シブレット、セルフイユをバランスよく散らす。

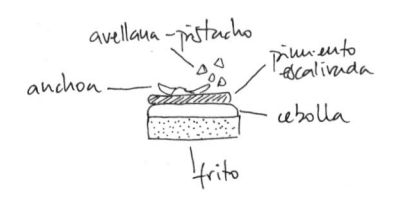

P.34
sardine
いわしのコカ

[ピンチョ1個分の組み立て]
- パンフリット…1枚
- 玉ねぎのコンフィ（p.122）…小さじ1
- ピスタチオ（ロースト）のみじん切り
  …2～3個分
- 松の実（ロースト）…2～3個
- 赤パプリカのエスカリバーダ（p.120）
  …細切り1本
- オイルサーディン（小）…½尾分
- シブレット（みじん切り）
- クリスタル塩

玉ねぎのコンフィ、ピスタチオ、松の実をあえて、パンフリットに盛る。赤パプリカのエスカリバーダ、オイルサーディンを順にのせる。シブレットとクリスタル塩を散らす。

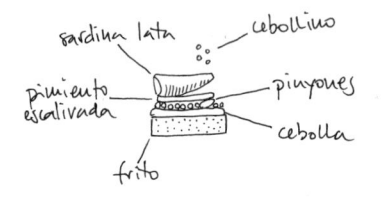

P.35
shallot confit
エシャロットのコカ

[ピンチョ1個分の組み立て]
- パンフリット…1枚
- 玉ねぎのコンフィ（p.122）…小さじ1
- エシャロットのコンフィ*…小1個
- タイム
- クリスタル塩
- EVオリーブ油

パンフリットに玉ねぎのコンフィをのせ、エシャロットのコンフィを適当にカットしてのせる。タイム、クリスタル塩をふり、EVオリーブ油をかける。

[エシャロットのコンフィ　つくりやすい量]
- エシャロット（皮つき）…4個
- にんにく（つぶす）…1かけ
- ローリエ…1枚
- オリーブ油…120～150ml

エシャロットをにんにく、ローリエ、オリーブ油とともに小鍋に入れ、弱火で30分間加熱する（コンベクションオーブンなら70℃で30分間）。火からおろし、そのまま油の中で冷ます。

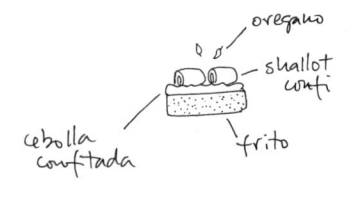

P.35
butifarra
ブティファラのコカ

[ピンチョ1個分の組み立て]
- パンフリット…1枚
- 玉ねぎのコンフィ（p.122）…小さじ2
- ブティファラソーセージのソテー
  …2cm角1個
- 赤パプリカのエスカリバーダ（p.120）
  …2.5cm幅のカット1枚
- ピスタチオ（ロースト、粗切り）
- ヘーゼルナッツ（ロースト、粗切り）
- 黒こしょう
- イタリアンパセリ（みじん切り）
- EVオリーブ油

パンフリットに玉ねぎのコンフィを盛り、2cm角に切ってソテーしたブティファラソーセージをのせる。赤パプリカのエスカリバーダ、ピスタチオ、ヘーゼルナッツを添える。黒こしょうを挽きかけ、イタリアンパセリを散らす。EVオリーブ油をかける。

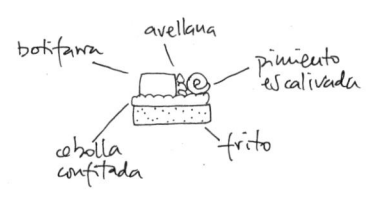

P.35
green olive — hazelnut
グリーンオリーブとナッツのコカ

[ピンチョ1個分の組み立て]
- パンフリット…1枚
- グリーンオリーブのみじん切り…小さじ2
- ヘーゼルナッツ（ロースト）…1個
- 赤パプリカのエスカリバーダ（p.120）
  …幅2.5cmのカット1枚
- エシャロットのコンフィ…½個
- アンチョビのフィレ…¼カット1枚
- イタリアンパセリ（みじん切り）
- EVオリーブ油

パンフリットにグリーンオリーブを敷き、ヘーゼルナッツ、赤パプリカのエスカリバーダ、エシャロットのコンフィ、アンチョビをバランスよくのせる。イタリアンパセリを散らし、EVオリーブ油をかける。

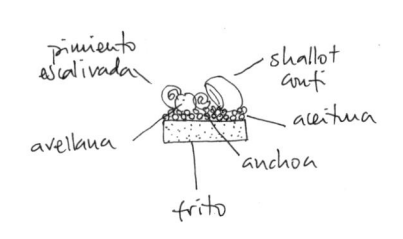

タルトレットを使えば

[タルトレット]
塩味のタルトレットケース（3.3cm×3.3cm、深さ約1.5cm・市販品）を使う。

P.36
beef tongue stew
牛タンのシチュー

[ピンチョ1個分の組み立て]
- タルトレット…1個
- マッシュポテト*…小さじ1
- 牛タンのシチュー*…1カット分
- 黒こしょう

タルトレットの底にマッシュポテトを盛り、ソースをからめた牛タンをのせる。黒こしょうを挽きかける。

[マッシュポテト　仕上がり約400g]
- じゃがいも（メークイン）…3個
- にんにく（半割り、芯を除く）…1かけ
- 牛乳…約50ml
- 有塩バター…20g
- 塩、こしょう

皮をむいて適当に切ったじゃがいも、にんにく、約400mlの水、適量の塩を入れて火にかける。沸騰したら蓋をしてやわらかくなるまでゆでる。ざるにあけ、じゃがいもとにんにくをフードプロセッサーに入れる。牛乳、バター、こしょうを加え、秒単位で2～3度回してピュレにする。全体がつぶれて混ざればよい（粘りが出るので長く回さないこと）。
ピュレを網でこし、塩で味をととのえる。好みでEVオリーブ油を加えてもよい。

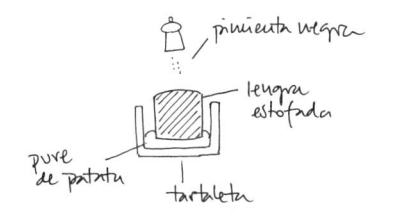

[牛タンのシチュー　つくりやすい量]
- 牛タン…1本（500g）
- にんじん（粗切り）…中½本
- 玉ねぎ（粗切り）…大1個
- にんにく…2かけ
- タイム…2枝
- ローリエ…2枚
- 赤ワイン（テンプラニーリョ種）…1.2L
- フォン・ド・ヴォー…100g
- 塩、こしょう
- 小麦粉
- オリーブ油

牛タンを掃除する。塩、こしょうして、小麦粉を軽くまぶし、オリーブ油で表面を色づける。深鍋にオリーブ油を引き、にんにくを軽く炒めてから玉ねぎ、にんじんを入れて炒める。牛タン、赤ワイン、フォン・ド・ヴォー、香草を入れ、蓋をして約1時間20分煮込む。
牛タンがすっかりやわらかくなる少し手前で取り出し、2cm幅に切り分ける（6～7枚とれる）。煮汁はシノワでこし、適度な濃度がつくまで煮詰め、ソースとする。
提供時に、タンの各ピースを2cm角に切り分ける。必要量のソースとともに温め、塩、こしょうで味をととのえる。

P.36
pisto & egg
ピスト

[ピンチョ1個分の組み立て]
- タルトレット…1個
- ピスト（p.131「イベリコハムとピスト」参照）…大さじ山盛り1
- うずら卵のポーチドエッグ…1個
- シブレット（みじん切り）
- クリスタル塩
- 黒こしょう

タルトレットにピストを盛り、うずら卵のポーチドエッグ（説明省略）をのせる。シブレット、クリスタル塩、黒挽きこしょうを散らす。

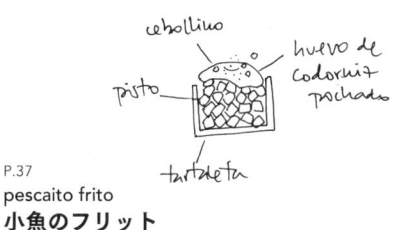

P.37
pescaito frito
小魚のフリット

[ピンチョ1個分の組み立て]
- タルトレット…1個
- ライトマヨネーズ（p.118）…小さじ½
- しらすのフライ…大さじ山盛り1
- シブレット（みじん切り）
- ライム汁

タルトレットにライトマヨネーズを敷き、しらすのフライを盛る。シブレット、ライム汁をかける。

[しらすのフライ　ピンチョス12個分]
- しらす（生）…120g
- 塩、こしょう
- 小麦粉
- 揚げ油

しらすに塩、こしょう、小麦粉をまぶして、170℃の油で揚げる。油をきる。

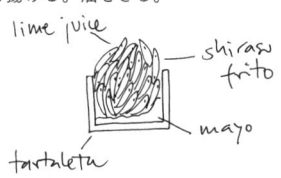

P.37
padrón pepper frito
パドロン・フリット

[ピンチョ1個分の組み立て]
- タルトレット…1個
- パドロンとうがらしの素揚げ*…3個
- クリスタル塩

パドロンとうがらしを、170℃の油で揚げる。タルトレットにパドロンとうがらしの素揚げをのせ、クリスタル塩をふりかける。

◆パドロンはスペイン・ガリシア地方産の甘とうがらしで、最近は日本でも栽培が始まっています。パドロンがなければ、しし唐で代用を。

ブリックでクリスピー

[パート・ブリックの焼きロール]
- パート・ブリック（市販品）
- オリーブ油

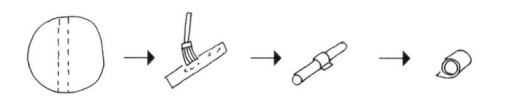

パート・ブリック（直径30cm前後）を2cm幅にカットし、1枚が長さ12cm前後になるよう切り分ける。
1枚ずつ表面にオリーブ油を刷毛でぬり、直径2.5～3cmのステンレスのシリンダーに巻きつける（ふた巻き）。
160℃のオーブンで約5分間焼く。色づきを確認して、オーブンから取り出す。すぐにシリンダーからはずす。

◆きれいに色づけるためには、シリンダー1本につき1枚を巻くのが理想です。

P.38
prawn & crab crispy roll
えびかにマヨネーズのクリスピー巻き

[ピンチョ1個分]
- パート・ブリックの焼きロール…1個
- えびかにマヨネーズ（p.128「えびかにマヨネーズ」参照）…15g

パート・ブリックの焼きロールに、えびかにマヨネーズを詰める。

P.39
sparerib crispy roll
スペアリブのクリスピー巻き

[ピンチョ1個分]
- パート・ブリックの焼きロール…1個
- スペアリブの煮込み（手でさく）…小さじ1
- ポテトサラダ（p.123）…小さじ1
- 黒こしょう

細かくさいたスペアリブ（煮込みの解説省略）をポテトサラダとあえ、黒こしょうを挽きかける。パート・ブリックの焼きロールに詰める。

◆スペアリブでなくてもいいんです。チャーシューでも焼き豚でも、切れ端や余りが出たら有効利用しましょう。コンビーフでもおいしいと思います。

P.39
banana & dried fruits crispy roll, "Kumi"
バナナとドライフルーツのクリスピー巻き

[ピンチョス8個分]
- パート・ブリックの焼きロール…8個
- バナナ…大1本
- ミックスドライフルーツ（レーズン、アプリコット、オレンジピール）の粗切り…大さじ1
- ピスタチオ（ロースト）の粗切り…大さじ½
- くるみ（ロースト）の粗切り…大さじ½
- レモン汁
- 黒こしょう

バナナを5mm角に切る。すぐにレモン汁であえる。ドライフルーツとナッツを混ぜ合わせる。黒挽きこしょうを混ぜて、パート・ブリックの焼きロールに大さじ1杯ずつ詰める。

P.39
apple compôte crispy roll
りんごのコンポートのクリスピー巻き

[ピンチョ8個分]
- パート・ブリックの焼きロール…8個
- りんご(紅玉またはふじ)…1個(150g)
- グラニュー糖…30〜50g
- バター
- シナモンパウダー
- マスタード

りんごの皮をむき、果肉を5mm角に切る。鍋にバターを溶かし、泡立ったらりんごとグラニュー糖を入れ、強めの火力で15分間炒める。シナモンパウダー、マスタード少量を加えて混ぜる。パート・ブリックの焼きロールに詰める。

P.40
feta mille-feuille
ブリックとチーズのミルフイユ

[ピンチョ1個分]
- パート・ブリック…一辺3cmの正方形6枚
- フェタとクリームチーズのミックス…20g
- シブレット(みじん切り)
- オリーブ油

パート・ブリックを3cm×3cmにカットし、シリコン製シートに並べる。刷毛でオリーブ油をぬり、もう1枚のシリコン製シートを重ねて、160℃のオーブンで5分間焼く。フェタチーズとクリームチーズを同量合わせてミキサーにかけ、やわらかくする。シブレットを混ぜ、絞り袋に入れる。パート・ブリック1枚に少量絞り、1枚のせてさらに少量絞り…と5回繰り返し、6枚目をのせる。

生春巻き

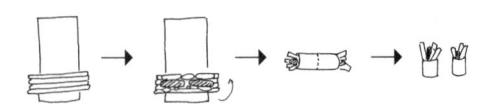

[ライスペーパーのもどし方]
ライスペーパーを水に浸けてもどし、まな板の上におく。水に浸した包丁で必要な幅(ここでは4〜8cm)に切り分け、すぐにばらす(時間をおくとくっついてしまう)。

[ピンチョス用のライスペーパーの巻き方]
具材がはみ出るように巻くと、ボリューム感が出て見た目に華やか。それには、1個のピンチョスに必要な2倍の幅にライスペーパーをカットして、2個分の材料をライスペーパーの両端から均等にはみ出るように並べる。しっかりと巻いて(2周を越えると口の中でもたつくので、長さは調整する)、真ん中でカットする。
ライスペーパー1枚に4〜5個分の材料を均等に置いて巻き、4〜5等分してもよい。

P.41
"Jordi" summer roll
ジョルディの生春巻き

[ピンチョ2個分の組み立て]
- ライスペーパー(もどす)
  …6cm幅のカット1枚
- 生ハム(セラーノ)
  …市販のスライス1枚(約10g)
- トマト…1/8等分のくし切り2個
- ベビーリーフ…2枚(またはレタス少量)
- パンフリット(幅1cm×長さ4cm)…2個
- ライトアイオリ(p.119)…6g

生ハムのスライスを4cm幅に切り分ける。6cm幅のライスペーパーに、生ハム、ベビーリーフ、トマト、パンフリットを置き(両端から材料が均等にはみ出るように)、しっかりと巻く。真ん中で2等分する。
各カットを立て、ライトアイオリを中心部に少量入れる。

P.41
white jelly fungus summer roll
白きくらげの生春巻き

[ピンチョ2個分の組み立て]
- ライスペーパー(もどす)
  …6cm幅のカット1枚
- 乾燥白きくらげ(もどす)…1〜2個
- だいこんのスティック…約10本
- ごまドレッシング(市販品)…10g

白きくらげを水に浸けてもどし、適当な大きさにカットする。
だいこんを長さ6〜7cmに切り、3mm角のスティック状に切り揃える。
白きくらげとだいこんをごまドレッシングであえる。6cm幅のライスペーパーの上に並べ(白きくらげのヒラヒラが両端から均等にはみ出るように)、しっかりと巻いて2等分する。

P.41
"una-Q" summer roll
うなきゅうの生春巻き

[ピンチョ2個分の組み立て]
- ライスペーパー(もどす)
  …5cm幅のカット1枚
- うなぎの蒲焼き(市販品)…約25g
- きゅうりのスティック…約10本
- 蒲焼きのたれ…適量
- さんしょう粉

うなぎの蒲焼きを電子レンジで約20秒間温めてやわらかくする。3〜4mm幅に切る。
きゅうりを長さ6〜7cmに切り、2mm角のスティック状に切り揃える。
5cm幅のライスペーパーにうなぎときゅうりを並べ(両端から均等にはみ出るように)、しっかり巻いて2等分する。
各カットを立て、蒲焼きのたれを中心部に少量ずつかける。さんしょう粉をふる。

P.41
chicken fillet summer roll
鶏ささ身の生春巻き

[ピンチョ2個分の組み立て]
- ライスペーパー(もどす)
  …6cm幅のカット1枚
- ゆでた鶏ささ身…約25g
- きゅうりのスティック…約10本
- 赤玉ねぎのスライス…5〜6枚
- レタス…少量
- コリアンダーの葉…少量
- にんにくチップ(スライス)…4〜5枚
- ぽん酢ジュレ(市販品)…小さじ1

鶏のささ身を塩入りの湯でゆでる。引き上げて冷まし、4〜5mm幅に切り分ける。
赤玉ねぎのスライスを氷水にさらし、よく水気をとる。
きゅうりを長さ6〜7cmに切り、2mm角のスティック状に切り揃える。
6cm幅のライスペーパーの上にささ身と野菜を置き(両端から均等にはみ出るように)、しっかりと巻いて2等分する。
各カットを立て、にんにくのチップを散らし、ぽん酢ジュレを中心部にたらす。

P.41
bread salad summer roll
パンのサラダの生春巻き

[ピンチョ1個分の組み立て]
- ライスペーパー(もどす)
  …4cm幅のカット1枚
- パンフリット(幅2cm、長さ4cm)…1本
- トマトのスライス…1枚
- 青じそ…1枚
- ライトアイオリ(p.119)…3g

4cm幅のライスペーパーに、パンフリット、トマト、青じそをのせてしっかりと巻く。生春巻きを立てて、ライトアイオリを中心部にたらす。

P.42
roast pork summer roll
焼き豚の生春巻き

[ピンチョ2個分の組み立て]
- ライスペーパー(もどす)
  …6cm幅のカット1枚
- 焼き豚(またはチャーシュー、ハムなど)…約20g
- サニーレタス…適量
- 揚げピーナッツ(粗切り)…6個
- 梅干しはちみつ…小さじ1/2

焼き豚を3〜4mm幅に切り揃える。
6cm幅のライスペーパーの上に、焼き豚、サニーレタス、揚げピーナッツを置き(肉と野菜が両端から少しはみ出すように)、しっかりと巻いて2等分する。
各カットを立て、梅干しはちみつ(市販のはちみつ入り梅肉ピュレ、または、梅肉とはちみつを練り合わせたもの)を中心部にかける。

パンもピンチョス

P.43
prenyada
プレニャーダ

[ピンチョ1個分]
- パン生地*…8〜9g
- ソブラサーダ（またはやわらかいチョリソ）…6〜7g
- 小麦粉　少量

ソブラサーダを、親指の先ほどのポーションに分け、1個ずつ丸める。冷凍庫に入れて固くする。
1次発酵を終えたパン生地でソーセージを1個ずつくるみ、ボール状にする。バットなどに並べてラップフィルムをかけ、1時間ねかせる（2次発酵）。
パン生地に小麦粉をふりかけ、約190℃のオーブンで7〜8分間焼く。

[パン生地　約800g]
- 小麦粉…500g
- グラニュー糖…10g
- 塩…5g
- 水…250ml
- オリーブ油…50ml
- インスタントドライイースト…20g
　A

材料Aを軽く混ぜる。ふるった小麦粉、グラニュー糖、塩、Aを混ぜ、生地をまとめる。ボウルにラップフィルムをかぶせ、1時間〜1時間半、常温におく（1次発酵）。
生地を取り出してこね、空気をぬく。

◆マジョルカ特産のソブラサーダは、豚肉のペーストを腸詰めにしたソーセージ。脂肪たっぷりのリッチな味が特徴です。ソブラサーダ50％、バター20％、豚挽き肉30％を合わせてフードプロセッサーにかけて使うと、味もコストもマイルドになります。ソブラサーダがなければ、スペイン産のチョリソ（できるだけやわらかいもの）を包丁で細かくきざみ、バター10％とパプリカパウダー少量をミキサーにかけたものを使います。

P.43
pão de queijo
ポンデケージョ

[ピンチョス約14個分]
- 白玉粉…100g
- 塩…1つまみ
- 牛乳…50ml
- サラダ油…小さじ2
- 卵…1個
- パルメザンチーズ（すりおろす）…25g
- マンチェゴチーズ（すりおろす）…25g

白玉粉をボウルに入れ、すりこ木などを使って細かくする。塩、牛乳、サラダ油を加え、手で全体を混ぜる。卵を加え、ダマをつぶしながら混ぜ合わせる。2種のチーズ（パルメザンチーズのみ50gでもよい）を加えてさらに混ぜる。
生地を少量とって直径約2cmのボール状に丸め、オーブンシートを敷いた天板に間隔をあけて並べる。180〜190℃のオーブンで17〜18分間焼く。

◆こんなに簡単で、こんなにおいしいパンって他にないかも。ポンデケージョ（ポルトガル語で「チーズパン」の意味）はつくって手軽、もちもちした歯ごたえとチーズのコクがおいしくて、ひとくちで印象に残ります。キャッサバ粉やタピオカ粉がよく使われますが、今回は白玉粉を使ったレシピです。

とり手羽360°

[手羽中の骨の抜き方]
鶏の手羽中の2本の骨のうち、細い骨は端から指を入れて抜き取る。太い骨は包丁の刃先で周囲のスジを切って、指で引き抜く。

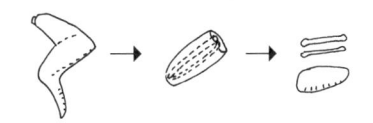

P.47
ceviche
セビーチェ風

[鶏のセビーチェ　12個分]
- 鶏の手羽中（骨を抜く）…12本
- レモン…½個
- おろしにんにく…小さじ½
- ハラペーニョのペースト…小さじ⅓
- グレープフルーツのしぼり汁…½個分
- 塩

鶏の手羽中肉をゆでる。引き上げて冷まし、ゆで汁を取りおく。
ハラペーニョ（または普通のとうがらし）をミキサーにかけてペーストにする。
レモンのしぼり汁としぼった後の皮、ハラペーニョのペースト、グレープフルーツのしぼり汁、塩をボウルに合わせ、ゆで汁約50mlを加えて酸味や水分量を調整し、鶏肉を入れて1時間マリネする。
肉を取り出し、マリネ液を煮詰める（A）。
鶏肉を少量のサラダ油でさっと炒め、軽く色づいたらAを加えてからめ、火からおろす。

[ピンチョの組み立て]
- パンのチップ
- 鶏のセビーチェ
- グレープフルーツの果肉
- 玉ねぎ（せん切り）
- コリアンダーの葉
- カイエンヌペッパー

パンのチップに鶏のセビーチェをのせる。グレープフルーツ、水にさらした玉ねぎ、コリアンダーの葉をのせ、カイエンヌペッパーをふりかける。

P.47
karaage
から揚げ

[鶏のから揚げ　12個分]
- 鶏の手羽中（骨を抜く）…12本
- しょうゆ…大さじ2
- 酒…大さじ2
- おろししょうが…小さじ2
- 卵白…1個分
- コーンスターチ…適量
- 揚げ油

しょうゆ、酒、おろししょうがをボウルに合わせ、鶏の手羽中肉を入れて1時間以上マリネする。卵白とコーンスターチを加えて（とろりとしたころもになるよう量を調整）、肉によくからませ、170℃の油で揚げる。

[ピンチョの組み立て]
- パンのチップ
- ライムの果肉（小角切り）

P.47
nagoya style
名古屋風

[揚げ鶏のテリヤキソースがらめ　12個分]
- 鶏の手羽中（骨を抜く）…12本
- 揚げ油
- テリヤキソース…70ml
  （ソースの配合　仕上がり約300ml）
- グラニュー糖…100g
- 酒…180ml
- みりん…180ml
- しょうゆ…180ml
- 塩、こしょう

テリヤキソース（グラニュー糖、酒、みりんを火にかけて溶かし、しょうゆを加えて半量になるまで煮詰めたもの）をボウルに入れる。鶏の手羽中肉に塩、こしょうして、170℃の油で素揚げする。油をきり、ソースのボウルに入れてからめる。網にのせ、サラマンダー（またはオーブングリル）で加熱し、脂を落としながらソースを焼きつける。取り出して再度ソースをからめ、サラマンダーで加熱する。

[ピンチョの組み立て]
- パンのチップ
- 炒りごま
- 黒こしょう

揚げ鶏のテリヤキソースがらめに串をさし、パンのチップにのせる。炒りごま、黒挽きこしょうをかける。

P.48
beignet
ベニエ

[ベニエ　12個分]
- 鶏の手羽中（骨を抜く）…12本
- 小麦粉…80g（40〜50g）
- ビール…60ml
- 卵黄…1個分
- サフランパウダー…少量
- 卵白…½個分
- 塩
- パンのチップ…12枚

鶏の手羽中肉をゆでる。
ボウルに小麦粉、ビール、卵黄、塩、サフランパウダーを合わせて混ぜる。別に卵白を泡立て、ボウルに加える。
ゆでた鶏肉に小麦粉（分量外）をまぶし、ボウルの生地をくぐらせて、170℃の油で揚げる。

[ピンチョの組み立て]
- パンのチップ

ベニエに串を刺し、パンのチップにのせる。

P.48
tandoori chicken
タンドーリ風

[鶏のタンドーリ風　12個分]
- 鶏の手羽中（骨を抜く）…12本
- プレーンヨーグルト…20ml
- 塩…少量
- おろししょうが…小さじ1
- おろしにんにく…小さじ1
- コリアンダーパウダー…小さじ1
- クミンパウダー…小さじ1
- カイエンヌペッパー…小さじ1

鶏の手羽中肉を素揚げ、またはゆでる。
材料Aをボウルに合わせ、プレーンヨーグルトを加えてのばす。鶏肉を入れ、からめる。そのまま30～60分間マリネする。
網にのせ、サラマンダー（またはオーブングリル）で熱して、ソースを乾かす。炭火であぶるとなおよい。

[ピンチョの組み立て]
- パンのチップ
- プレーンヨーグルト
- コリアンダーの葉（みじん切り）
- コリアンダーパウダー
- パプリカパウダー ┐A
- クミンパウダー ┘

鶏のタンドーリ風に串を刺し、パンのチップにのせる。プレーンヨーグルト少量とコリアンダーの葉をのせ、Aのスパイスを少量ずつかける。

P.48
bang-bang-ji
棒棒鶏

[棒棒鶏1個分／ピンチョの組み立て]
- 鶏の手羽中（骨を抜く）…1本
- きゅうりのスライス…1枚
- バンバンジーソース（市販品）…小さじ1/3
- パンのチップ

鶏の手羽中肉をゆで、身を裂く。タテに薄くスライスしたきゅうりで巻き、パンのチップにのせる。バンバンジーソースをのせる。

P.48
fried chicken
フライドチキン風

[フライドチキン　12個分]
- 鶏の手羽中（骨を抜く）…12本
- 揚げ油
- 塩、こしょう

鶏の手羽中肉を160℃の油で揚げる。ひきあげて、軽く塩、こしょうする。再度180℃の油で揚げてからりと仕上げる。

[ピンチョの組み立て]
- パンのチップ
- マスタード
- ケチャップ
- にんにくチップ（砕く）
- 黒こしょう

フライドチキンに串を刺す。パンのチップにのせて、マスタードとケチャップを少量ずつ添える。チキンににんにくチップを散らし、黒こしょうを挽きかける。

P.48
thai style, "Saho"
タイ風

[揚げ鶏のタイ風ソースがらめ　12個分]
- 鶏の手羽中（骨を抜く）…12本
- 塩、こしょう
- ヤムソース（ナンプラーとレモン汁を同量ずつ合わせ、30％の砂糖で味を調整したソース）…80ml
- マンゴーの小角切り…大さじ1/2
- レーズン（1/2に切る）…5～6個
- コブミカンの葉…2枚
- レモングラス…1枚
- コブミカンのしぼり汁…小さじ1
- 米粉（またはコーンスターチ）…1つまみ
- 乾燥赤とうがらし（みじん切り）…1/2本分

鶏の手羽中肉に塩、こしょうして、170℃の油で素揚げする。油をきる。
ヤムソース、マンゴー、レーズン、コブミカンの葉、レモングラスを鍋に合わせて火にかけ、鶏肉を入れてさっと煮からめる。米粉を加えて軽くとろみをつけ、コブミカンのしぼり汁、乾燥赤とうがらしを加えて仕上げる。

[ピンチョの組み立て]
- パンのチップ
- コブミカンのしぼり汁
- レーズン（もどす）の小角切り
- マンゴーの小角切り
- 乾燥赤とうがらし（極細切り）
- コリアンダーの葉
- レモングラス（極細切り）
- コブミカンの葉（極細切り）

揚げ鶏のタイ風ソースがらめに串を刺し、コブミカンのしぼり汁を少量かける。パンのチップにのせ、適量のレーズン、マンゴー、赤とうがらし、コリアンダーの葉をトッピングする。レモングラスとコブミカンの葉は、ほんの微量をふりかける。

◆タイ料理のさわやかな香りが大好きです。友人から教わった味つけをアレンジしました。コブミカンの葉やレモングラスは普通は食べないものですが、極細にカットしてほんの少しトッピングに使っています。

P.49
yakitori
炭火焼き

[炭火焼き　1個分／ピンチョの組み立て]
- 鶏の手羽中（骨を抜く）…1本
- ゆずこしょう…少量
- 木の芽
- パンのチップ…1枚

鶏の手羽中肉に塩、こしょうして炭火で焼く。串を刺し、パンのチップにのせる。ゆずこしょう、木の芽をのせる。

P.49
korean style
韓国風味

[揚げ鶏のコチュジャンがらめ　12個分]
- 鶏の手羽中（骨を抜く）…12本
- コチュジャン…小さじ5
- しょうゆ…小さじ1
- グラニュー糖…小さじ1
- おろしにんにく…小さじ1
- おろししょうが…小さじ1
- 酒…少量
- みりん…少量
- 揚げ油
- 塩、こしょう

鶏の手羽中肉を素揚げする。網にとって油をきる。塩、こしょうを軽くふる。
コチュジャン、しょうゆ、グラニュー糖、おろしにんにく、おろししょうが、酒、みりんをミキサーにかけて、なめらかなペーストにする（酒とみりんは、ペーストがほどよくのびるように量を加減する）。ボウルに取り、揚げた鶏肉を入れてからめる。
網にのせ、サラマンダー（またはオーブングリル）で加熱し、脂を落としながらソースを焼きつける。

[ピンチョの組み立て]
- パンのチップ
- ピーナッツ（みじん切り）

揚げ鶏のコチュジャンがらめに串を刺し、ソースをからめて、パンのチップにのせる。ピーナッツをたっぷりと散らす。

P.49
spanish style
スペイン風

[鶏のにんにく風味揚げ　12個分]
- 鶏の手羽中（骨を抜く）…12本
- オリーブ油…60ml
- にんにく（つぶす）…2かけ
- にんにく（砕く）…適量
- クリスタル塩…適量
- イタリアンパセリ（みじん切り）…適量
- 塩、こしょう
- 揚げ油

鶏の手羽中肉に軽く塩、こしょうをふる。オリーブ油、にんにくとともにボウルに入れ、ひと晩マリネする。
170℃の油で揚げる。油をよくきる。
クリスタル塩、イタリアンパセリ、にんにくチップをボウルに合わせ、揚げた鶏を入れて表面にまぶしつける。

[ピンチョの組み立て]
- パンのチップ
- ライトアイオリ(p.119)

鶏のにんにく風味揚げに串を刺す。ライトアイオリを少量のせた、パンのチップにおく。

alita de pollo

いただきなす

P.50
zaalouk, "Ayumi"
モロッコ風サラダ、ザックーク

[ピンチョス12個分]
- 米なすのエスカリバーダ(p.120)
  …1個分(小さいなす5個分)
- にんにく(皮つき、つぶす)…1かけ
- オリーブ油…大さじ2
- クミンパウダー…小さじ⅓
- パプリカパウダー…少量
- 塩、こしょう
- パンフリット…12枚
- コリアンダーの葉
- イタリアンパセリ(みじん切り)

米なすのエスカリバーダを小さく切る。
オリーブ油でにんにくを熱し、香りが出たら米なすを入れて弱〜中火でゆっくりと炒める。塩、こしょうで味をととのえる。
ボウルにクミンパウダー、パプリカパウダーを合わせておき、炒めた米なすを入れてさっとあえる。そのまま冷ます。
パンフリットに小分けしてのせ、コリアンダーとイタリアンパセリを散らす。

◆スパイシーといっても辛い料理ではありません、クミンとパプリカも極端にきかせず、なすの自然な風味を生かします。パプリカパウダーは香りのよいものを使ってください(酸化していると苦みだけが出てしまいます)。ラタトゥイユ同様、冷めてからのほうがおいしい料理です。

P.51
eggplant & sichuan pepper
四川さんしょうのシャカシャカなす

[ピンチョス12個分]
- なす…3本(約300g)
- コーンスターチ…適量
- 塩
- 揚げ油、サラダ油
- にんにく(みじん切り)…1かけ
- ねぎのみじん切り…小さじ1
- 乾燥赤とうがらし…1本
- 四川さんしょう(粉)…小さじ1
- パンフリット…12枚

なすをタテ半分にカットし、それぞれ薄切りする。コーンスターチと塩をまぶし、油で揚げる。油をきる。
中華鍋(またはフライパン)にサラダ油を少量入れ、にんにく、ねぎ、赤とうがらしを強火で炒めて香りを出し、揚げたなすを入れてさっと炒める。火を止め、四川さんしょうを加えてあえる。
パンフリット1枚につき、なす約8枚をのせる。

P.50
"ninniku-ya"
"にんにくや"

[ピンチョス12個分]
- なす…3本(約300g)
- 揚げ油
- にんにく(みじん切り)…1かけ
- オリーブ油…50ml
- パンフリット…12枚
- イタリアンパセリ(みじん切り)
- クリスタル塩
- 黒こしょう

なすを大きめに切り、素揚げする。油をきる。
中華鍋(またはフライパン)にオリーブ油とにんにくを入れて強火で熱し、揚げたなすを入れて、あおりながら手早く炒める。
パンフリットに小分けしてのせる。イタリアンパセリを散らし、クリスタル塩、黒こしょうをかける。

P.51
eggplant escalivada
なすのエスカリバーダ

[ピンチョス12個分]
- なすのエスカリバーダ(p.120)…3個分
- 白ワインヴィネガー(好みで)…少量
- パンフリット…12枚
- 芽ねぎ
- クリスタル塩
- EVオリーブ油

なすのエスカリバーダを長さ4cmの細切りにする。サラダ風にさっぱりさせたい場合は、白ワインヴィネガーをふりかける。
パンフリットにのせる。芽ねぎ、クリスタル塩をふり、EVオリーブ油をかける。

フォワグラ

[フォワグラのテリーヌ ディスク12〜18個分]
- フォワグラ…500〜600g
- ポルト(またはペドロヒメネス)…大さじ1
- ブランデー…大さじ1
- 塩、こしょう

フォワグラを掃除して、ボウルに入れる。ポルト、ブランデー、塩、こしょうをふりかけ、1時間マリネする。
水気をきり、中火にかけたフッ素樹脂加工のフライパンで、色づけないように位置を変えながら、かつ、適宜蓋をしてソテーする。(芯にちょうど火が入った時点で)取り出し、すぐにざるにとって余分な油を落とす。
適当な型(ここでは7cm×9cm×高さ5cm)の内側にラップフィルムを敷き(四方の端が外に出るように)、フォワグラを詰める。空気を抜き、ラップフィルムで表面をぴったりと覆う(加熱が充分でなかった場合は、湯煎で火を通して、冷ます)。
重石をして、冷蔵庫で保管する。

[直径3.3cmのディスク]
型からテリーヌを取り出す(7cm×9cm×厚さ約3.5cmのブロックになる)。
ブロックをタテに2等分する(長さ9cm、3.5cm角のブロック2本)。
各ブロックを、ピンチョスに必要な厚さに応じて9等分(1枚の厚さ1cm)または6等分(同1.5cm)し、それぞれ直径3.3cmの抜き型で抜く。

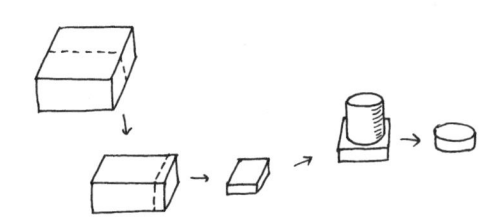

P.52
foie gras & dried fruits
フォワグラ&ドライフルーツ

[ピンチョ1個分の組み立て]
- パンフリット…1枚
- 玉ねぎのコンフィ(p.122)…小さじ1
- フォワグラのテリーヌ
  …厚さ1.5cmのディスク1枚
- アーモンド(ロースト・きざむ)
- ヘーゼルナッツ(ロースト・きざむ)
- ピスタチオ(ロースト・きざむ)
- 松の実(ロースト)
- ドライマンゴーの小角切り
- ドライパパイヤの小角切り
- ドライカシス

パンフリットに玉ねぎのコンフィをぬってフォワグラをのせ、ナッツとドライフルーツのミックスをのせる。

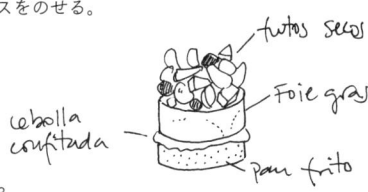

P.53
foie gras & fruits
フォワグラ&フルーツ

[ピンチョ1個分の組み立て]
- パンフリット(ディスク)…1枚
- りんご…厚さ3mmのディスク1枚
- フォワグラのテリーヌ
  …厚さ1.5cmのディスク1枚
- 煮詰めたモスカテル…小さじ½
- マスカットぶどう(タネなし)…1個

パンフリット、りんごのディスク(厚さ3mmの薄切りを直径3.3cmの抜き型で抜く)、フォワグラのテリーヌを重ねる。半量に煮詰めたモスカテル(マスカット種の甘口ワイン)をたらし、皮をむいたマスカットぶどうをのせる。

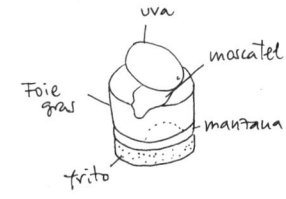

P.53
foie gras & miga
フォワグラ&ミガス

[ピンチョ1個分の組み立て]
- インカのめざめ(ゆでる)*
  …厚さ1cmのディスク1枚
- フォワグラのテリーヌ
  …厚さ1cmのディスク1枚
- ミガス**…大さじ山盛り1(約5g)

インカのめざめのディスクにフォワグラのテリーヌを重ね、ミガスを盛る。

[インカのめざめのゆで方]
- じゃがいも(インカのめざめ)
- 塩

じゃがいもを皮つきのまま、水(塩を加える)からゆでる。1時間かけて弱火でゆっくりとゆでることで、ソフトで、しかもカットしてもくずれない仕上がりになる。引き上げて皮をむく。

143

厚さ1cmに切り分けて、直径3.3cmの抜き型で円形に抜く。

[ミガス　ピンチョ1個分]
- パンフリット…½枚
- にんにくチップ（砕いたもの）
  …スライス1枚分
- イタリアンパセリ（みじん切り）…適量

パンフリットを細かく砕く（量が多い場合はフードプロセッサーにかける）。にんにくのチップとイタリアンパセリを混ぜる。

◆スペイン南部の家庭料理「ミガス」は、固くなったパンを水でふやかし、にんにくやパプリカパウダーとともにラードで香ばしく炒めたもの。いわしの塩漬けやトマトサラダなど、いろいろなおかずと一緒に食べる料理です。パンフリットを流用すれば少量でも手軽に用意でき、香ばしさのトッピングとして重宝します。

P.53
foie gras & grilled vegetables
フォワグラ＆エスカリバーダ

[ピンチョ1個分の組み立て]
- パンフリット（ディスク）…1枚
- ミックス野菜のエスカリバーダ*…大さじ1
- フォワグラのテリーヌ
  …厚さ1cmのディスク1枚
- カソナード糖（またはグラニュー糖）…少量
- クリスタル塩
- 砕いた黒こしょう

フォワグラのテリーヌの表面にカソナード糖をふり、バーナーであぶってカラメリゼする。パンフリットの上に直径3.3cmのセルクル型をのせてミックス野菜のエスカリバーダを盛り、型をはずす。フォワグラのカラメリゼを重ね、クリスタル塩と黒こしょうを散らす。

[ミックス野菜のエスカリバーダ　ピンチョス10個分]
- 玉ねぎのエスカリバーダ（p.120）…20g
- 赤パプリカのエスカリバーダ（同）…40g
- なすのエスカリバーダ（同）…40g
- EVオリーブ油
- 塩

3種の野菜のエスカリバーダをみじん切りにして、合わせる。軽く塩で味をつけ、EVオリーブ油であえる。

◆（他のピンチョス用に）野菜のエスカリバーダの長さを切り揃えると、必ず半端が出ます。それを細かく切り、ミックスして使います。

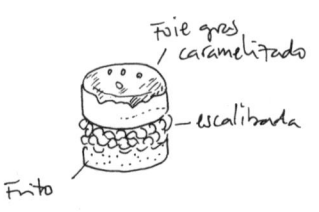

P.53
foie gras & red bell pepper
フォワグラ＆赤パプリカ

[ピンチョ1個分の組み立て]
- パンフリット（ディスク）…1枚
- フォワグラのテリーヌ
  …厚さ1cmのディスク1枚
- 赤パプリカの甘酢マーマレード
  （p.130「いわしのマリネと赤パプリカ」参照）
  …細切り5～6本
- EVオリーブ油
- ブロッコリスプラウト

パンフリットにフォワグラのテリーヌをのせ、赤パプリカの甘酢マーマレードを盛る。EVオリーブ油をかけ、ブロッコリスプラウトをのせる。

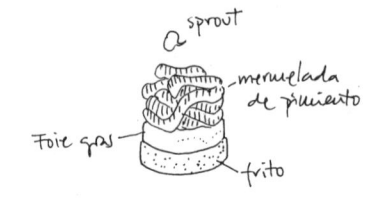

P.53
foie gras & avocado
フォワグラ＆アヴォカド

[ピンチョ1個分の組み立て]
- パンフリット（ディスク）…1枚
- アヴォカド…¼個
- フォワグラのテリーヌ
  …厚さ1cmのディスク1枚
- ライトマヨネーズ（p.118）…少量
- 芽ねぎ（みじん切り）…少量
- クリスタル塩
- EVオリーブ油

アヴォカドの皮とタネを除き、直径3.3cmの抜き型で抜く。底を平らにカットして、ふたつに切り分ける。2枚でフォワグラを挟み、パンフリットにのせる。ライトマヨネーズ、芽ねぎ、クリスタル塩をのせ、EVオリーブ油をかける。

P.53
foie gras macaron
フォワグラのマカロン

[ピンチョ1個分の組み立て]
- ぶどう風味のマカロン*…焼いた生地2枚
- フォワグラのテリーヌ
  …厚さ1cmのディスク1枚

ぶどう風味のマカロンで、フォワグラのテリーヌを挟む。

[ぶどう風味のマカロン]
- アーモンドパウダー…130g
- 粉糖…130g
- 卵白A…45g
- ぶどうのエッセンス（リキッド）…2、3滴
- 水…30ml
- グラニュー糖…130g
- 卵白B…35g

アーモンドパウダー、粉糖をボウルに合わせて2～3回ふるう。ボウルに入れ、卵白Aを加えてゴムべらでよく混ぜる。ぶどうのエッセンスを加える。

卵白Bを泡立てる。並行して水とグラニュー糖を合わせて火にかけ、117℃まで加熱する。軽くツノが立つほどに泡立ったこれに、Bに少しずつ加えながら高速で泡立て、イタリアンメレンゲにする。
ボウルの生地にイタリアンメレンゲを2～3回に分けて加え混ぜる。
口径1cmの丸口金をつけた絞り袋に生地を入れ、オーブンペーパーを敷いた天板に直径約3cmに丸く絞り出す。15～20分間そのままおいて、生地を乾かす。
155℃のオーブンで約10分間焼く。

貝でピンチョス

[貝の基本的な火入れ]
- ムール貝、はまぐり、かき（小）など
  …約30個
- オリーブ油…小さじ1
- にんにく（皮つき、つぶす）…1かけ
- 白ワイン…20ml

貝をよく洗う。
深鍋にオリーブ油とにんにくを入れて香りが出るまで炒める。貝を入れてざっと混ぜ、白ワインを加えて蓋をする。殻が口をあけたら火からおろす。
貝の身を殻から取り出す。ムール貝はアシを取り除く。
鍋に残っただしを、シノワでこす。必要なら煮詰める。

P.54
mussel escabeche
ムール貝のエスカベッシュ

[ピンチョス12個分]
- 火入れしたムール貝…12～24個
- きゅうりのピクルス…20g
- にんじんのピクルス
  （p.132「ハムとピクルス」参照）…20g
- ラディッシュ…20g
- セロリ…20g

ムール貝を基本の方法で火入れする。身を殻からはずして掃除する。
2種のピクルス、ラディッシュ、セロリをそれぞれ極小の角切りにして、混ぜる（A）。
火を入れたムール貝を1個ずつ（身が小さい場合は2個）殻に入れ、Aを盛る。

◆手頃なサイズの貝であっても、殻をあけてみて身が相当小さい場合は、殻1個に身2個をのせて、ひとつのピンチョスにします。

P.55
mussel miso-gratin
ムール貝の白みそグラタン

[ピンチョス12個分]
- 火入れしたムール貝…12〜24個
- ほうれん草（適当な長さにカットする）
  …50〜60g
- にんにく（皮つき、つぶす）…1かけ
- オリーブ油…大さじ1
- ライトマヨネーズ（p.118）…60ml
- 白みそ…大さじ2（約40g）
- 塩

ムール貝を基本の方法で火入れする。身を殻からはずして掃除する。
オリーブ油でにんにくを炒め、香りが出たら、ほうれん草を加えて軽く炒める。塩を加えて火からおろし、冷めたら水分を絞る。
ライトマヨネーズと白みそをよく混ぜ合わせる（A）。
ムール貝の殻にほうれん草のソテーを入れる。身を1個ずつのせる（身が小さい場合は2個）。Aをかけて、サラマンダー（またはオーブングリル）で2〜3分間加熱して焼き色をつける。

P.55
clam cava-gratin
はまぐりのカバ風味グラタン

[ピンチョス12個分]
- 火入れしたはまぐり…12個
- 生クリーム…100ml
- カバ（スパークリングワイン）…100ml
- 卵白…⅓個分
- 塩
- 玉ねぎのコンフィ（p.122）…60g

はまぐりを基本の方法で火入れする。身を殻からはずす。
生クリームを½量に煮詰める。カバは⅓量に煮詰める。
煮詰めた生クリーム、カバ、卵白を混ぜ合わせ、塩で味をととのえる（A）。
貝殻1個につき小さじ1杯分の玉ねぎのコンフィを敷き、身をのせて、Aをかける。
サラマンダー（またはオーブングリル）で2〜3分間加熱して、表面に焼き色をつける。

P.55
mussel & seaweed
ムール貝の海藻サラダ

[ピンチョス12個分]
- ムール貝…12〜24個
- ムール貝のだし…適量
- 海藻ミックス（生または乾燥）
  …60g（もどした状態で）
- ぽん酢ジュレ（市販品）…20ml

ムール貝を基本の方法で火入れする。殻から身をはずし、掃除する。だしは⅓量に煮詰める。
海藻を水でもどす。
海藻の水気をきり、ぽん酢ジュレであえる。ムール貝のだし（塩気が強いので、味を確認してから）をごく少量加える。
ムール貝の殻に身を入れ、海藻をのせる。

P.55
tiger
タイガー

[ピンチョス30個分]
- ムール貝…殻つき600g
  （火入れした身100〜150g）
- 牛乳…500ml
- コーンスターチ…35g
- 卵…1個
- 玉ねぎのコンフィ（p.122）…100g
- バター…25g
- オリーブ油…20ml
- 小麦粉…適量
- 卵…1個
- 目の細かいパン粉…2カップ

ムール貝を基本の方法で火入れする。殻から身をはずして掃除し、細かく切る。だしは⅓量まで煮詰める。
ボウルに牛乳、コーンスターチ、卵を合わせて混ぜ、ムール貝を加える（A）。
鍋にバターとオリーブ油を引き、玉ねぎのコンフィを炒める。Aを一気に加えて木べらで混ぜながら炒める。1分間ほど続け、均一なかたさになったら、煮詰めたムールのだしを塩がわりに少量加える。味をチェックして火からおろし、冷ます。
この生地をムールの殻にこんもりと盛る。小麦粉、とき卵、目の細かいパン粉を順にまぶす。殻の部分についたころもを指で取り除き、170℃の油で揚げる。

◆ベシャメルソースを使ったムール貝のコロッケです。スペインではとてもポピュラーなタパスで、なぜかタイガー（スペイン語でティグレ）と呼ばれています。生地を殻に詰め、殻ごところもをつけて揚げるのが特徴。お客さまが間違えて殻をかじらないよう、殻の外側についた衣は取り除いてから、揚げます。このレシピのベシャメルはとてもやわらかく、食べたときにふんわり。扱いにくければ生地のコーンスターチの量を増やしてください。

P.55
burgundy turban shell
さざえのブルゴーニュ風

[ピンチョス1個分の組み立て]
- ゆでたさざえ（小）…1個
- ガーリックバター*…10g
- パンフリット…直径2cmの薄いディスク1枚

さざえをゆで（ローリエと少量の玉ねぎを入れた熱湯でゆでる）、殻から取り出す。先端のにがい部分を切り落とす。
身を殻にもどし、ガーリックバターを入れてサラマンダー（またはオーブングリル）で加熱する（さざえをガーリックバターで炒めて殻に戻してもよい）。
パンフリットを刺した串を、身に刺す。

[ガーリックバター　仕上がり約250g]
- 無塩バター…200g
- 塩…4〜5g
- にんにく…4かけ
- エシャロット…½個
- イタリアンパセリ…適量

にんにくを半分に切って芯を取り除き、ゆでる。イタリアンパセリを熱湯で1秒間ゆで、すぐに氷水にとって冷ます。エシャロットとともにフードプロセッサーにかけて細かくし、さらにバター、にんにくを入れて回す。

根菜ピンチョス

P.56
mosaic
根菜のモザイク

[ピンチョス約50個分]
- ビーツ…150g（加熱、掃除後）
- にんじん…150g（同上）
- 紫いも…150g（同上）
- さつまいも…150g（同上）
- じゃがいも…150g（同上）
- 卵…4個
- 生クリーム…300ml
- にんにくオイル（p.119）…大さじ1（または
  オリーブ油大さじ1とにんにくパウダー少量）
- 塩、こしょう
- バーニャカウダソース（p.123）…100g
- みず菜
- クリスタル塩

ビーツ、にんじん、紫いも、さつまいも、じゃがいもは皮つきのまま丸ごとゆでる（1時間ほどかけて弱火でゆっくりと）、または蒸す。
それぞれ皮をむき、必要量を取り分けて細かく切る。
ボウルに卵、生クリーム、にんにくオイル、塩、こしょうを合わせ、根菜のカットを入れてあえる。20cm×30cmの型に入れてならす（高さ約3cmになる）。
180℃のオーブンで焼き、10分後にチェックして膨らんでいたら串でつついて空気をぬき、さらに5〜10分焼く。最後にサラマンダーに入れて表面にきれいな焼き色をつける。冷ます。
直径3.3cmの抜き型で円柱形に抜く。串を刺す。
ピンチョ1個につき小さじ⅓量程度のバーニャカウダソースとみず菜をのせ、クリスタル塩をかける。

◆丸く抜かずに、キューブ形にする場合は、1個が3cm×3cmになるようにカットします。

P.57
root vegetables mille-feuille A, B, C, D
根菜のミルフイユ A、B、C、D

[基本的な組み立て]
- ビーツ（丸ごと加熱）
- にんじん（同上）
- 紫いも（同上）
- さつまいも（同上）
- じゃがいも（同上）
- だいこん（生）
- バーニャカウダソース（p.123）
- みず菜、セルフイユ、スプラウトなど

ビーツ、にんじん、紫いも、さつまいも、じゃがいもは皮つきのまま丸ごとゆでる（約1時間かけて弱火でゆっくりと）、もしくは蒸す。冷ましてから皮をむく。
すべての野菜をスライサーで厚さ約1mmにスライスし、直径3.3cmの抜き型で円形に抜く。色合いを考えて10〜12枚組み合わせて重ね、串を刺す。バーニャカウダソースとみず菜やハーブ、スプラウトを添える。

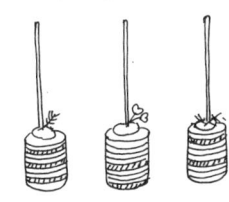

145

ベジタリアン

P.58 spicy daikon cubes
スパイスだいこんピンチョ

[ピンチョス2個分の組み立て]
- だいこん(生)…1cm角のカット6個
- ディップとガーニッシュ
  ① 梅肉＋芽ねぎ
  ② 赤みそ＋あられ
  ③ ゆずこしょう＋木の芽
  ④ ワカモレ＊＋アンチョビのフィレを叩いたもの＋芽ねぎ
  ⑤ ライトアイオリ(p.119)＋にんにくチップ
  ⑥ ロメスコソース(p.123)＋セルフイユ

だいこんカットを3個ずつ串で刺す。カットごとに①〜⑥のディップ、ハーブ、ガーニッシュを少量ずつのせる。

[ワカモレ　仕上がり約180g]
- アヴォカドの果肉…1個分(約120g)
- ライム汁…1個分
- クリームチーズ…40g
- コリアンダーの葉(好みで)…適量
- 塩

材料を合わせてフードプロセッサーにかけてピュレ状にする。色が変わらないよう、すぐにビニール製絞り袋に移し、空気が入らないよう入れ口を絞って保管する。

P.59 peace boat
ピースボート

[基本的な組み立て]
- スナップえんどう
- ライトアイオリ(p.119)
- 芽ねぎ
- セルフイユ
- ブロッコリスプラウト

スナップえんどうを洗い、さやを開く(または塩湯で20秒間ゆでて氷水にとり、さやを開く)。豆のついたさやに、ライトアイオリとハーブやスプラウトをのせる。

◆スナップえんどうのさやを開いたらとてもかわいかったので、ピンチョに。テーマは春の香りです。さやを開けてすぐに生で食べるとインパクト大ですが、さっとゆでておけば色が変わりません。

P.59 daikon bagna càuda
だいこんバーニャカウダ

[基本的な組み立て]
- だいこん
- バーニャカウダソース(p.123)

厚さ3.5cmに輪切りしただいこんを桂むきする(A)。
だいこんを長さ3.5cmに輪切りして、2〜3mm角のスティック状に切り揃える(B)。
① Aを長さ15cmに切る。ディスペンサーに入れたバーニャカウダソースをひとすじぬり、その上にBを1つまみのせて、巻く。

② Aの内側にバーニャカウダソースをひとすじ引いて、端から巻きこんで(途切れたら継ぎ足しながら)、直径約2cmのうず巻きにする。最後のふた巻きはとくにしっかりと巻く。

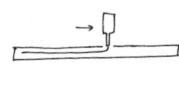

P.60 vegetable bouquet A
野菜のブーケA

[ピンチョ1個分の組み立て]
- だいこんのリボン(幅2.5cm×長さ15cm)…1枚
- きゅうりのスティック…4〜5本
- だいこんのスティック…4〜5本
- グリーンアスパラガスのスティック…4〜5本
- 赤パプリカのスティック…4〜5本
- 穂じそ…少量
- 梅干しマヨネーズ(p.118)…3g

だいこんを厚さ2.5cmに輪切りして、桂むきする。15cmに切り分ける(だいこんのリボン)。その他の野菜を長さ4cmに切り、2mm角のスティック状に切りそろえる。
ディスペンサーを使ってだいこんのリボンに梅干しマヨネーズをひとすじぬり、スティック野菜をのせて巻く。
ブーケを立て、穂じそを散らす。

P.60 vegetable bouquet B
野菜のブーケB

[ピンチョ1個分の組み立て]
- にんじんのリボン(幅2.5cm×長さ15cm)…1枚
- きゅうりのスティック…4〜5本
- だいこんのスティック…4〜5本
- グリーンアスパラガスのスティック…4〜5本
- ごぼうのスティック…4〜5本
- セルフイユ…少量
- バーニャカウダソース(p.123)…3g

にんじんを厚さ2.5cmに輪切りして、桂むきする。長さ15cmに切る。
その他の野菜を長さ4cmに切り、2mm角のスティック状に切る。
にんじんのリボンにバーニャカウダソースをひとすじぬり、スティック野菜をのせて巻く。
ブーケを立て、セルフイユをさす。

P.60 cucumber bouquet
きゅうりのブーケ

[ピンチョ1個分の組み立て]
- だいこんのリボン(幅2.5cm×長さ15cm)…1枚
- きゅうりのスティック…約25本
- アンチョビのフィレのみじん切り…1/8枚分
- 芽ねぎ(みじん切り)
- EVオリーブ油

だいこんのリボンで、きゅうりとアンチョビを巻く。
ブーケを立て、EVオリーブ油をかける。芽ねぎを散らす。

P.60 caprese
カプレーゼ

[ピンチョ1個分の組み立て]
- ミニトマト…1個
- モッツァレッラチーズ…5g
- バジルの葉…2枚
- クリスタル塩
- EVオリーブ油

ミニトマト、モッツァレッラチーズ、バジルの葉を重ねて串に刺す。EVオリーブ油とクリスタル塩をかける。

骨付き肉はピンチョス

P.61 breaded lamb chop
ラムチョップのパン粉揚げ

[ピンチョス12個分]
- ラムチョップ(小さいもの)…12本
- にんにくの枝(薄切り)…2かけ分
- タイムの枝…2本
- オリーブ油…適量
- 塩、こしょう
- 小麦粉…適量
- 卵…1個
- 目の細かいパン粉…1カップ
- 揚げ油
- ライトアイオリ(p.119)…10g
- タイム

ラムチョップの骨周りを掃除し、先端側2/3の肉をきれいに除く。バットに並べ、にんにく、タイムをのせてオリーブ油をかけ、ラップフィルムを密着させて12時間マリネする。肉の表面のオイルをきれいにぬぐい、塩、こしょうをふる。小麦粉、とき卵、パン粉を順にまぶして170℃の油で揚げる。
少量のライトアイオリ、タイムをのせる。

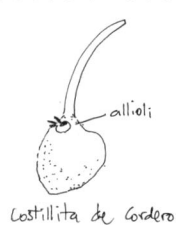

P.61 breaded rabbit chop
うさぎチョップのパン粉揚げ

[ピンチョス12個分]
- うさぎの背肉…2ブロック
- にんにく(薄切り)…2かけ分
- タイムの枝…2本
- オリーブ油…適量
- 塩、こしょう
- 小麦粉…適量
- 卵…1個
- 目の細かいパン粉…カップ1/2
- 揚げ油
- パンフリット(ディスク)…12枚
- ポロねぎの炒め＊…約60g
- マスタード…30g
- ライトアイオリ(p.119)…30g

うさぎの背肉をあばら骨ごとにばらし、きれいに掃除する。骨はむき出しにする。
前述の「ラムチョップのパン粉揚げ」と同様に、マリネし、揚げる。
パンフリットに、ポロねぎの炒めを盛り、1個につきそれぞれ小さじ⅓程度のマスタードとライトアイオリをのせる。うさぎのパン粉揚げをのせる。

[ポロねぎの炒め　仕上がり約60g]
- ポロねぎ…10cmのカット1本
- にんにく（皮つき）…1かけ
- オリーブ油、塩、こしょう

ポロねぎを粗みじんに切る。
オリーブ油でにんにくを炒め、ポロねぎを入れる。10分間ほどかけてゆっくりと火入れし、塩、こしょうで味をととのえる。

包むピンチョス

P.62
mini tuna pie
ツナのエンパナディージャ

[ピンチョス35〜40個分]
- ツナ（缶詰）…100g（油をきった状態で）
- ゆで卵（きざむ）…2個
- 赤パプリカ（みじん切り）…1個
- 玉ねぎ（みじん切り）…中1個
- にんにく（みじん切り）…1かけ
- トマトソース…30ml
- グリーンオリーブ（みじん切り）…12個
- 塩、こしょう
- オリーブ油…50ml
- エンパナディージャ生地*
  または冷凍パイシート（市販品）…300g
- 卵黄…1〜2個分

にんにくをオリーブ油で炒め、玉ねぎ、赤パプリカを加えてゆっくりと炒める。トマトソースを加えて軽く煮て、ツナを加え混ぜ、火を止める。ゆで卵、グリーンオリーブを加え、塩、こしょうで味をととのえる。ざるにとって水気をきる。冷やしておく。
生地を厚さ2mmにのばす。直径5.5cmの型で円形に抜く。
パイのふちに卵黄をぬる。片側にフィリングをスプーン1杯分（約12g）のせて、半月形に包み込み、ふちを合わせる。フォークの先でふちにギザギザ模様をつける。
180〜190℃のオーブンで生地に焼き色がつくまで約15分間焼く。

[エンパナディージャ生地　仕上がり約1kg]
- 小麦粉…600g
- ベーキングパウダー…2g
- 水…100ml
- 白ワイン…130ml
- オリーブ油…130ml
- 塩…2g

水、白ワイン、オリーブ油、塩を混ぜ合わせておく（A）。小麦粉とベーキングパウダーを合わせてボウルに入れ、Aを少しずつ加えながら混ぜ合わせる。なめらかになるまでこね、常温で30分間休ませる。

◆エンパナディージャは中南米でポピュラーなミニパイ。半月形にして、皮のふちにフォークの先で模様をつけるのが「きまり」です。

P.62
mini salmon pie
サーモンのエンパナディージャ

[ピンチョス12個分]
- スモークサーモン…80g
- クリームチーズ…60g
- サワークリーム…20g
- ディル（好みで）…適量
- わんたん皮…12枚
- コーンスターチ
- 揚げ油

わんたん皮を直径5.5cmの抜き型で円形に抜く。
スモークサーモンを粗みじんに切る。
クリームチーズとサワークリームをボウルに入れて練り合わせ（量が多い場合はフードプロセッサーを使う）、サーモンと少量のディルを加え混ぜる（A）。
わんたん皮のふちに水で溶いたコーンスターチをぬり、Aをのせて半月形に包む。フォークでふちにギザギザの模様をつける。
170℃の油で揚げる。

P.62
cheese & leek hatillo
チーズとポロねぎのアティージョ

[ピンチョス12個分]
- アルゼンチンえび…6尾（むき身約60g）
- クリームチーズ…30g
- ポロねぎのコンフィ*…60g
- パート・ブリック…3枚
- ポロねぎ…外側の皮1枚（長さ10cm）
- 揚げ油

アルゼンチンえびの頭と殻をむき、粗みじんに切る。
ポロねぎの皮を細切りし（12本）、さっとゆでて水気をきる。
クリームチーズを練ってやわらかくし、えびとポロねぎのコンフィを混ぜ合わせる（A）。
パート・ブリックをそれぞれ4等分する。
1枚ごとに2カ所の隅を3cmほどカットする。切れ端を中心に重ねて置き、その上にAを適量盛る。巾着形に包み、ポロねぎの細切りで口を結ぶ（B）。
170℃の油で、Bをひとつずつ揚げる（パートをもったまま"袋"だけを15秒間揚げ、油に落としてからさらに10秒間揚げる）。引き上げて、キッチンペーパーに（底が平らになるよう押しながら）おく。

[ポロねぎのコンフィ]
- ポロねぎ…½本
- オリーブ油

ポロねぎを小口に切る。
オリーブ油でゆっくりと炒める。

◆パート・ブリックとクリームチーズがあればスピーディーに「クリームコロッケ」がつくれます。外はカリカリ、中はとろーりで、ちょっとびっくりのおいしさ。ただし、パートがへたりやすいので具材を包んだらすぐに揚げ、すぐに提供するのが条件です。

P.63
potato samosa
ポテトのサモサ

[ピンチョス24個分]
- ポテトサラダ（p.122）…240g
- カイエンヌペッパー…小さじ⅓
- ガラムマサラ…小さじ½
- カレー粉…小さじ½
- パプリカパウダー…小さじ½
- クミンパウダー…小さじ⅓
- パート・ブリック…3枚
- 揚げ油
- イタリアンパセリ（みじん切り）

ポテトサラダにスパイスを混ぜる（味見して、量を加減する）（A）。
パート・ブリックを幅4cm、長さ12cmのバンド状に切る（パート・ブリック1枚から8〜10枚とれる）。
バンド1枚の隅に、Aをスプーン1杯分（約10g）のせ、三角形にまとめ、生地を折りたたんで包む（最後に水溶きコーンスターチで生地をとめる）。
170℃の油で揚げる。
提供時にイタリアンパセリをふる。

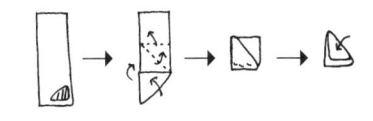

P.63
cheese samosa
チーズのサモサ

[ピンチョス24個分]
- フェタチーズ…100g
- クリームチーズ…40g
- パート・ブリック…3枚
- アーモンド（ロースト）…100g
- コリアンダーの葉

フェタチーズとクリームチーズをフードプロセッサーで混ぜる（A）。
パート・ブリックを幅4cm、長さ約12cmのバンド状に切る（パート・ブリック1枚から8〜10枚とれる）。

147

バンド1枚の隅に親指の先ほどの量のAをのせ、アーモンド1個をつぶしてのせて三角形にまとめる。生地を折りたたみ、最後にコリアンダーの葉2〜3枚をのせて包みこむ。
170℃の油で揚げる。

P.63
spring roll
春巻き

[ピンチョス30個分]
- 春巻きの皮(直径8〜9cm)…30枚
- 豚挽き肉…200g
- しょうゆ…小さじ1　⎫
- 酒…小さじ1　　　　⎬ A
- コーンスターチ…大さじ½⎭
- ゆでたけのこ…40g
- 干ししいたけ…40g(もどした状態で)
- オイスターソース…大さじ1⎫
- 酒…大さじ1　　　　　　⎬ B
- しょうゆ…小さじ½　　　⎭
- 塩、こしょう
- コーンスターチ
- 炒め油、揚げ油
- ライトアイオリ(p.119)
- マスタード

豚挽き肉に調味料Aをふりかけ、下味をつける。
ゆでたけのこ、もどした干ししいたけを、粗めのみじん切りにする。
少量の油で豚挽き肉を炒め、パラパラになったらたけのことしいたけを加えて炒め合わせる。
調味料Bを加え、塩、こしょうして味をととのえる。
この具を、春巻きの皮(ミニサイズ、または大判サイズを直径8〜9cmにカットする)にのせて包み、端を水溶きコーンスターチで留める。
170℃の油で揚げる。各個にライトアイオリとマスタードをつけて提供する。

P.63
cheese spring roll
チーズの春巻き

[ピンチョス30個分]
- 春巻きの皮(直径8〜9cm)…30枚
- マンチェゴチーズ…210g
- クリームチーズ…90g
- アンチョビ…フィレ5枚
- グリーンオリーブ…20個
- セルフイユ
- コーンスターチ

マンチェゴチーズとクリームチーズをフードプロセッサーで混ぜ合わせる(A)。
春巻きの皮でAを包み、端を水溶きコーンスターチで止める。170℃の油で揚げる。
各個に、グリーンオリーブのピュレ(果肉をフードプロセッサーにかけたもの)、⅙にカットしたアンチョビのフィレ、セルフイユをのせる。

居酒屋メニューでいこう

P.64
chicken & "ume-mayo"
鶏の梅マヨネーズ

[ピンチョス3個分の組み立て]
- パンフリット…3枚
- 鶏のささ身…1本
- ピスタチオ(ロースト、きざむ)…15g
- 梅干しマヨネーズ(p118)…10g
- 塩、こしょう
- サラダ油

鶏のささ身のスジを掃除する。塩、こしょうしてサラダ油でソテーする。途中から蓋をかぶせ、中心にぎりぎり火が入るまで加熱する。冷やして表面にサラダ油をぬり、きざんだピスタチオを全面にまぶしつけて6等分にカットする(サイズが大きいときは8等分)。
パンフリット1枚に梅干しマヨネーズをぬり、ささ身2カットをのせる。

P.65
daikon & mentaiko
明太子だいこん

[ピンチョ1個分の組み立て]
- パンフリット…1枚
- だいこん…約15g
- 明太子…5g
- 芽ねぎ

だいこんを小角切りにして、明太子であえる。パンフリットにのせ、細かく切った芽ねぎを刺す。

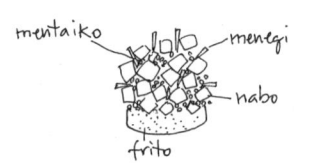

P.65
nanban hamburger
南蛮ハンバーグ

[ピンチョ1個分の組み立て]
- パンフリット…1枚
- タルタルソース*…10g
- 揚げチキンハンバーグ*…1個

パンフリットにタルタルソースを盛り、南蛮ソースにくぐらせた揚げチキンハンバーグをのせる。

[タルタルソース　仕上がり約120g]
- ゆで卵の白身(小角切り)…2個分
- 玉ねぎのみじん切り…30g
- ピクルスの小角切り(水分をきる)…大さじ1
- グリーンオリーブのみじん切り…大さじ1
- オレンジの果肉(小角切り)…2〜3房
- ライトマヨネーズ(p.118)…大さじ1

玉ねぎは水にさらし、水分をしぼる。
すべての材料を混ぜる。

[揚げチキンハンバーグ　12個分]
- 鶏挽き肉…200g
- 玉ねぎのみじん切り…50g
- にんにくのみじん切り…½かけ分
- パン(バゲットの白い部分)…10g
- 牛乳…大さじ1
- 卵…½個
- 小麦粉…適量
- イタリアンパセリ(みじん切り)
- 塩、こしょう、オリーブ油
- 揚げ油
- 砂糖…大さじ3　　　　　⎫
- 白ワインヴィネガー…大さじ2⎪
- しょうゆ…大さじ1　　　　⎬ A
- おろししょうが…小さじ1　⎪
- 乾燥赤とうがらし…1本　　⎭

ソースの材料(A)を合わせて火にかけ、沸騰したら火からおろす。小ボウルに移して冷ます。
オリーブ油でにんにくと玉ねぎを炒める。これを鶏挽き肉と合わせ、牛乳に浸したパン(ちぎる)、塩、イタリアンパセリを加えて、よく混ぜる。直径2.5cmほどのハンバーグ状に丸め、小麦粉をまぶして、170℃の油で揚げる。引きあげてすぐにソースにくぐらせ、提供する。

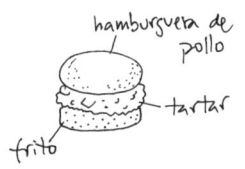

P.65
tofu & onion tart
玉ねぎのタルト

[ピンチョ1個分の組み立て]
- パンフリット(ディスク)…1枚
- 豆腐のプレス*…1枚
- 玉ねぎのカラメリゼ…大さじ山盛り1
- しょうゆパウダー(なければクリスタル塩)

パンフリットに豆腐のプレスをのせ、しょうゆパウダーを少量散らす。玉ねぎのカラメリゼをのせる。

[豆腐のプレス]
- 木綿豆腐…1丁

木綿豆腐を厚さ1cmに切り分ける。
キッチンペーパーの上に並べ、上面にもペーパーをのせてバットと重石をのせる。約1時間おいて水気をきる。これを直径3.3cmの抜き型で抜く。

[玉ねぎのカラメリゼ　仕上がり約100g]
- 玉ねぎ(せん切り)…大1個(約250g)
- オリーブ油…大さじ1

玉ねぎをオリーブ油とともに弱火にかけてじっくりと炒める。
40分〜1時間たって水分がなくなってきたら強火にし、水分を一気に飛ばす。繊維と糖分だけになり、カラメル化したら火を止める。

◆玉ねぎのカラメリゼは、もともと玉ねぎのマーマレード(p.122)を急いでつくろうとしたときの失敗作でした。あるべき水分はほぼ完全になくなってパ

サパサ。でも甘みはぐっと濃厚で、歯ごたえはサクサクで、これもおいしいのです。淡白な豆腐と組み合わせて、お互いを生かします。

P.65
fish hamburger
魚ハンバーグ

[ピンチョ1個分の組み立て]
- パンフリット（ディスク）…1枚
- 梅干しマヨネーズ（p.118）…小さじ1
- 魚のハンバーグ*…1個
- イタリアンパセリ（みじん切り）

パンフリットに梅干しマヨネーズをぬり、魚のハンバーグをのせる。イタリアンパセリを散らす。

[魚のハンバーグ　12個分]
- 白身魚のフィレ…200g（掃除済み）
- 玉ねぎのコンフィ（p.122）…30g
- 小麦粉…大さじ1
- 卵白…½〜1個分
- 塩、こしょう

卵白以外の材料を合わせてフードプロセッサーに軽くかける（完全なペーストにせず、つぶつぶが残るくらいに）。ボウルに移し、卵白、塩、こしょうを混ぜ合わせる。
1個20gほどのボール状に丸め、上下を軽く押して扁平にする。フッ素樹脂加工のフライパンで両面を焼き、蓋をして中心まで火を通す。

P.66
white asparagus & "mentai-mayo"
ホワイトアスパラと明太マヨ

[ピンチョ1個分の組み立て]
- パンフリット（ディスク）…1枚
- 明太子マヨネーズ（p.118）…小さじ1
- ホワイトアスパラガス（缶詰・細いもの）…1本
- EVオリーブ油

パンフリットに明太子マヨネーズをぬり、4等分したホワイトアスパラガスを立ててのせる。EVオリーブ油をかける。

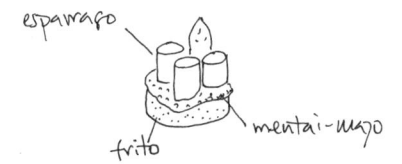

P.66
macaroni salad
マカロニサラダ

[ピンチョ1個分の組み立て]
- パンフリット（ディスク）…1枚
- ハム…厚さ5mm、直径3.3cmのディスク1枚

- マカロニサラダ*…約10本分
- 砕いた黒こしょう

パンフリットにハムをのせ、マカロニサラダを盛る。黒こしょうをのせる。

[マカロニサラダ　ピンチョス12個分]
- マカロニ（細いもの）…60g
- ライトマヨネーズ（p.118）…大さじ2
- パルメザンチーズ…小さじ1
- 塩

塩湯でゆで、水気をきったマカロニを、ライトマヨネーズ、パルメザンチーズであえる。塩で味をととのえる。

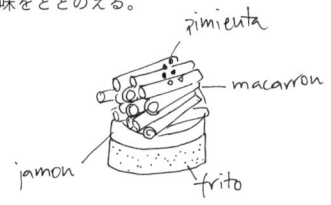

P.66
radish & mentaiko
ラディッシュ明太子

[ピンチョ1個分の組み立て]
- パンフリット（ディスク）…1枚
- あぶり明太子…1切れ
- ラディッシュ…1個
- ライトマヨネーズ（p.118）…3g

ラディッシュを小角切りにして、ライトマヨネーズであえる。パンフリットにのせ、バーナーであぶった明太子をのせる。

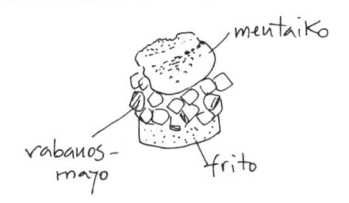

P.66
crispy sardine
サーディンのぱりぱり揚げ

[ピンチョ1個分の組み立て]
- パート・ブリック…¼枚
- オイルサーディン…½尾
- クリームチーズ…小さじ½
- 木の芽

オイルサーディンの油をきり、1尾を斜めに2等分する（大きい場合は3〜4分割）。4分割した扇形のパート・ブリックの中央にクリームチーズをぬりつけ、サーディンをおく。包んで楊枝で留め、170℃の油で揚げる。
木の芽をのせる。

P.67
crispy salmon dumpling
サーモン中落ちの揚げわんたん

[ピンチョ1個分の組み立て]
- パンのチップ…1枚
- サーモン中落ちの揚げわんたん*…1個

- レタス（細切り）…少量
- わさびマヨネーズ…少量

レタスをわさびマヨネーズ（ライトマヨネーズとチューブ入りわさびペーストを5対1の割合で合わせたもの）であえる。パンのチップにのせ、サーモン中落ちの揚げわんたんをのせる。

[サーモン中落ちの揚げわんたん　1個分]
- サーモンの中落ち（缶詰）…1切れ（約10g）
- サワークリーム…小さじ½
- わんたんの皮…1枚
- コーンスターチ
- 揚げ油

わんたんの皮の中心にサワークリームをぬり、サーモンをのせて包み、水溶きのコーンスターチで端を留める。170℃の油で揚げる。

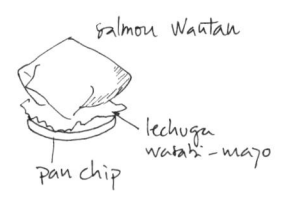

P.67
shime-saba onigiri
しめさばのおにぎり

[ピンチョ1個分の組み立て]
- ごはん…大さじ山盛り1
- しめさば（p.129「さばとりんご」参照）…1cm角のカット1
- 青じそペースト*…少量
- ケイパー（小粒）…2、3粒
- 青じそ…1枚

しめさば、青じそペースト、ケイパーとごはんで、小さなおにぎりをつくる。青じそで包む。

[青じそペースト　仕上がり約20g]
- 青じそ…12枚
- ケイパー（小粒）…15粒

青じそを熱湯で1秒だけゆで、すぐに氷水にとる。水気をきって、ケイパーとともにフードプロセッサーにかける。

P.67
iberico ham yaki-onigiri
イベリコ焼きおにぎり

[ピンチョ1個分の組み立て]
- ごはん…大さじ山盛り1
- イベリコハム（赤身）…5g

イベリコハムをみじん切りにする。ごはんに混ぜておにぎりにする。網で焼く。

パタタ・ブラバ

[じゃがいもの揚げ方]
- じゃがいも（メークイン）
- 揚げ油
- 塩

じゃがいもを丸ごと、皮つきでゆでる。冷めてから皮をむいて、2.5cm幅に輪切りし、断面を直径2.8cmの抜き型で円柱形に抜く。さらにその上面を、直径1.5cmにくりぬく。170℃の油で揚げ、塩をふる。

[簡単ブラバソース　仕上がり約170g]
- 赤パプリカのエスカリバーダ(p.120)…30g
- チリソース（タイ風・市販のもの）…100g
- ケチャップ…20〜30g
- にんにくオイル(p.119)…大さじ1

材料を合わせてフードプロセッサーにかける。チリソースとケチャップの量を加減して、好みの辛さ、甘みに調整する。

[本格ブラバソース　仕上がり約150g]
- 赤パプリカのエスカリバーダ(p.120)…1個分
- セミドライトマト(p.135「トマトオニオン」参照)…20g
- にんにく…3かけ
- 乾燥赤とうがらし…2本
- 水…30ml
- オリーブ油…30ml

にんにくを皮つきのまま180℃のオーブンで50分間焼く。皮をむく。
オリーブ油で赤とうがらしを炒めて香りを引き出し、他のすべてを加え、蓋をして加熱する。トマトがしんなりとやわらかく取り出してフードプロセッサーにかけ、網でこしソースにする。味をみて、辛みが足りなかったらカイエンヌペッパーを足す。

◆ブラバソースは、2種類を紹介しました。どちらにおいても赤パプリカのコクが決め手になりますが、エスカリバーダの用意がなければ、ピキージョピーマンの缶詰を使うという手もあります。

P.70, 71
patata brava with aioli
パタタ・ブラバ、アイオリ添え

[ピンチョ1個分の組み立て]
- 揚げたじゃがいものカット*…1個
- ブラバソース…約2g
- ライトアイオリ…約3g

じゃがいものくぼみにディスペンサーを使ってブラバソースを入れ、さらにその上にライトアイオリをのせる。

P.71
with guacamole
ワカモレ添え

[ピンチョス1個分の組み立て]
- 揚げたじゃがいものカット*…1個
- ブラバソース*…約2g
- 玉ねぎのみじん切り…小さじ1/2
- ワカモレ*…約3g

じゃがいものくぼみにブラバソースを入れ、水にさらして水気を絞った玉ねぎのみじん切りをのせる。ワカモレをのせる。

[ワカモレ　仕上がり約180g]
- アヴォカドの果肉…1個分（約120g）
- ライムのしぼり汁…1個分
- クリームチーズ…40g
- コリアンダーの葉（好みで）…適量
- 塩

材料を合わせてフードプロセッサーにかける。色が変わらないよう、すぐにビニールの絞り袋に移して口に空気が入らないようぎりぎりまで絞って保管する。

P.71
purple patata brava
紫いものパタタ・ブラバ

[ピンチョス1個分の組み立て]
- 揚げた紫いものカット…1個
- ブラバソース…約2g
- 梅干しマヨネーズ(p.118)…3g
- ブロッコリスプラウト

じゃがいも同様にゆで、カットし、揚げた紫いものくぼみにブラバソースを入れ、さらにその上に梅干しマヨネーズをのせる。ブロッコリスプラウトを飾る。

allioli　guacamole　ume-mayo

じゃがいものトルティージャ

P.72
tortilla de patata
じゃがいものトルティージャ

[ピンチョス約120個分]
- じゃがいも（メークイン）…正味1.5kg(12〜13個分)
- オリーブ油…150ml
- 卵…8個
- 生クリーム…600ml
- にんにくオイル(p.119)…大さじ3
  （またはオリーブ油大さじ3＋にんにくパウダー少量）
- 塩、こしょう

じゃがいもの皮をむき、適当な大きさにカットする。フライパンにオリーブ油、じゃがいもを入れて弱火にかけ、蓋をして加熱する。途中、ときどきかき混ぜながら、30〜40分間かけてゆっくりと火を通す。
ボウルに卵、生クリーム、にんにくオイル、塩、こしょうを入れて混ぜる。火を通したじゃがいもを加えて、30cm×40cmの型に流す（高さ約3cmになる）。180℃のオーブンで10分後にチェックして膨らんでいたら串でつついて空気を抜き、さらに10分間焼く。
最後にサラマンダーに入れて表面にきれいな焼き色をつける。取り出して冷ます。
3cm×3cmにカットする、または直径3.3cmの抜き型で円柱形に抜く。

◆食卓で食べるトルティージャならフライパンでさっと焼いて半熟に仕上げるところですが、パーティー用ならきっちりと火を入れる必要があります。それでもカチカチに固くならないよう、卵に生クリームを多めに加えます。さらに玉ねぎのコンフィ(p.122)を加えるとほんのり甘く、歯ごたえもよりソフトに。その場合、じゃがいもの10〜20%量を玉ねぎのコンフィに代えます。

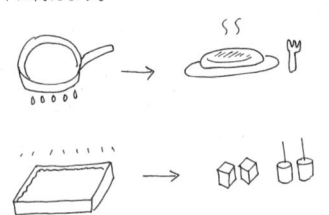

P.73
with zucchini
ズッキーニ入り

[ピンチョス約120個分]
- じゃがいも（メークイン）…正味1kg(7〜8個分)
- オリーブ油…100ml
- ズッキーニ…500g(3〜4本分)
- 卵…8個
- 生クリーム…600ml
- にんにくオイル(p.119)…大さじ3
  （またはオリーブ油大さじ3＋にんにくパウダー少量）
- 塩、こしょう
- ライトアイオリ(p.119)
- ズッキーニ（トッピング用）

じゃがいもは前述のトルティージャと同じように加熱する。
ズッキーニをスライスし、適量のオリーブ油（分量外）でソテーする。
卵、生クリーム、にんにくオイル、塩、こしょうを混ぜ、じゃがいもとズッキーニを加え、型に流してオーブンで焼き、カットする。（前述「じゃがいものトルティージャ」参照）。
提供時、アイオリソースと小さくくりぬいたズッキーニ（ゆでたもの）をのせる。

P.73
tortilla mille-feuille
ミルフイユスタイル

[ピンチョス約75個分]
- じゃがいも（メークイン）のスライス…900g(6〜7個分)
- 卵…4個
- 生クリーム…300ml
- にんにくオイル(p.119)…大さじ1
- 塩、こしょう
- パンフリット

じゃがいもの皮をむき、スライサーで厚さ1mmにスライスする。
卵、生クリーム、にんにくオイル、塩、こしょうを合わせて混ぜる。じゃがいもを加えてからませ、型(20cm×30cm)の底に敷き詰める。1段ずつ敷き重ねる（高さ3cmに）。
アルミ箔をかぶせ、190℃のオーブンで約50分間焼く。串で刺して、まだ固ければさらに10分間程度焼く。
焼き上がったら、同じ大きさの型などで上から少し押さえる（中の空気を抜く）。
冷まして、2cm×4cmに切り分ける。
1ピースをパンフリットにのせる、または挟む。

コロッケ

P.74
iberico ham croquette
イベリコハムのコロッケ

[ピンチョス30〜35個分]
- イベリコハム(脂の少ない部分)…90g
- 玉ねぎ(みじん切り)…100g
- オリーブ油…15g
- バター…15g
- 小麦粉…40g ┐
- コーンスターチ…20g │
- 牛乳…500ml ├ A
- 卵黄…½個 │
- 塩 │
- こしょう ┘
- 小麦粉…適量
- 卵…1個
- 目の細かいパン粉…1カップ
- 揚げ油

イベリコハムをみじん切りする。
フライパンにオリーブ油とバターを引き、玉ねぎを約20分かけて弱火でゆっくりと炒める。ボウルに材料Aとイベリコハムの半量を合わせ、玉ねぎの鍋に加える。泡だて器で混ぜながら、鍋肌から生地がはがれるまで中火で加熱する。残りのイベリコハムを加え、塩で味をととのえて、ゴムべらでさっと混ぜる。生地をバットに広げ、表面にラップフィルムを密着させる。氷水をあてて冷ます。
15gずつ丸め、小麦粉、とき卵、パン粉を順にまぶして、170℃の油で揚げる。

croqueta

P.74
chicken croquette
チキンコロッケ

[ピンチョス約24個分]
- 鶏もも肉…1枚(約250g)
- にんにく(つぶす)…1かけ
- マッシュポテト(p.139「牛タンのシチュー」参照)…300g
- オリーブ油
- ナッツメッグ
- 塩、こしょう
- 小麦粉
- 卵…1個
- 目の細かいパン粉…1カップ

鶏もも肉の皮を除き、適当な大きさに切り分ける。
オリーブ油でにんにくを炒め、塩、こしょうをした鶏もも肉をソテーする。表面に焼き色がついたら水20mlを加え、蓋をして火を通す。取り出してみじん切りにする。またはフードプロセッサーに軽くかける。
これをマッシュポテトと合わせ、ナッツメッグ、塩、こしょうで調味する。小さく丸め、小麦粉、とき卵、パン粉を順にまぶして、170℃の油で揚げる。

◆ソースなしで食べるので、生地には塩、こしょうでしっかりと味をつけます。マヨネーズやライトアイオリを少量加えてもよいと思います。

ビキニ!

P.75
iberico ham bikini
イベリコハムのビキニ

Bikini

[ピンチョス6個分]
- 食パン(10枚切り)…2枚
- イベリコハムのスライス…4枚
- モッツァレッラチーズ(厚さ3mmに切る)…30g
- ガーリックバター(p.145「さざえのブルゴーニュ風」参照)…少量
- バター
- 塩

耳を切り取った食パン2枚にガーリックバターを少量ぬる。1枚にイベリコハムを並べ、モッツァレッラチーズを重ねる。塩をふり、もう1枚のパンを重ねる。
バターを溶かしたフライパンで、両面にきれいな焼き色がつき、チーズが溶けるまで焼く。
6分割する(切り分けてから焼いてもよい)。

P.75
salmon bikini
サーモンのビキニ

[ピンチョス6個分]
- 食パン(10枚切り)…2枚
- スモークサーモンのスライス…4枚
- サワークリーム…20g
- ガーリックバター(p.145「さざえのブルゴーニュ風」参照)…少量
- バター
- 塩

耳を切り取った食パン2枚にガーリックバターを少量ぬる。1枚にサワークリームをぬり、スモークサーモンをのせ、もう1枚のパンを重ねる。
バターを溶かしたフライパンで、両面にきれいな焼き色がつき、チーズが溶けるまで焼く。
6分割する(切り分けてから焼いてもよい)。

たこのガリシア風

[たこのゆで方　ピンチョス約50個分]
- 冷凍たこ…1ぱい
- 玉ねぎ(薄切り)…30g
- ローリエ…1枚

たこを半解凍の状態にする。
鍋に水をたっぷり張り、玉ねぎを加えて沸騰させる。ローリエを加える。たこの頭を持って足から湯に浸けて一瞬で引き上げ、5秒間おいて再度入れ、2秒後に引き上げ、5秒後に再度入れて今度は手を離す。35〜40分間かけてほどよくゆでて引き上げる。
包丁または調理バサミで足を1.5cm幅に切る。

◆頭は別の料理に使います。生だこ(足)を使う場合は、やわらかくするためいったん冷凍するか、またはすりこ木などでよく叩いてから使います。

[じゃがいものゆで方]
じゃがいもを丸ごと塩入りの水に入れ、弱火で1時間ほどかけてゆでる。冷めてから皮をむき、1cm幅の輪切りにして、断面を直径3.3cmの抜き型で抜く。

P.76
pulpo a feira with "miso-mayo"
たこのガリシア風、みそマヨで

miso-mayo
patata cocida
pulpo a feira

[ピンチョ1個分の組み立て]
- ゆでたこ…1カット
- ゆでじゃがいものディスク…1個
- 赤みそマヨネーズ(p.118)…小さじ1
- パプリカパウダー
- クリスタル塩
- EVオリーブ油

じゃがいものディスクに赤みそマヨネーズ、たこを順にのせて串を刺す。パプリカパウダーとクリスタル塩をふり、EVオリーブ油をかける。

P.77
with romesco sauce
ロメスコ風味

Romesco

[ピンチョ1個分の組み立て]
- ゆでたこ…1カット
- ゆでじゃがいものディスク…1個
- ロメスコソース(p.123)…小さじ1
- ライトアイオリ(p.119)…2g
- パプリカパウダー
- イタリアンパセリ

じゃがいものディスクにロメスコソース、たこを順にのせて串を刺す。ライトアイオリをかけ、パプリカパウダーとイタリアンパセリをふりかける。

P.77
with pickles
ピクルス添え

pickles
allioli

[ピンチョ1個分の組み立て]
- ゆでたこ…1カット
- ゆでじゃがいものディスク…1個
- きゅうりのピクルス(薄切り)…10g
- ライトアイオリ(p.119)…2g
- セルフイユ
- クリスタル塩

じゃがいもにピクルスを並べ、ライトアイオリ、たこを順にのせて串を刺す。クリスタル塩を散らし、セルフイユをたっぷりとのせる。

P.77
with avocado & nuts
アヴォカド&ナッツ添え

nuts
aguacate

[ピンチョ1個分の組み立て]
- ゆでたこ…1カット
- ゆでじゃがいものディスク…1カット
- アヴォカド…厚さ5mmのディスク1個
- ヘーゼルナッツ(ロースト)…1個
- ピスタチオ(ロースト)…1個
- ライトアイオリ(p.119)…2g
- クリスタル塩

ナッツを包丁できざんで混ぜる。
じゃがいもにアヴォカド、ナッツ半量、たこを重ねて串を刺す。ライトアイオリをかけてクリスタル塩を散らし、残りのナッツをのせる。

パン・コン・トマテ

P.78
"pa amb tomata"
カタルーニャ・トラディショナル

[ピンチョ1個分の組み立て]
- バゲットトースト
- 完熟トマト
- クリスタル塩
- EVオリーブ油

トマトを半分に切る。切り口を下にしてつぶしながらバゲットトーストにこすりつける。クリスタル塩をふり、EVオリーブ油をたらす。

P.79
party
こんな形もかわいい?

[ピンチョ1個分の組み立て]
カタルーニャ・トラディショナルとつくり方は同じ。パンの種類やカッティングを変える。

P.79
with iberico ham
生ハムをのせて

[ピンチョ1個分の組み立て]
バゲットにトマトをぬり、イベリコハムのスライスをのせる。

P.79
cruncy bite
こんがりカリカリ

[ピンチョ1個分の組み立て]
- パンフリット(1cm×1cm×3cm)
- トマト(皮をむいて小角切り)
- イベリコハムのスライス

イベリコハムでパンフリットとトマトを巻く。

P.79
with tomato jelly cube
トマトのゼリーキューブ添え

[ピンチョ1個分の組み立て]
- パンフリット…1枚
- トマトウォーターのゼリー*
  …7mm角のキューブ2個
- イベリコハムのスライス…1枚

パンフリットにトマトウォーターのゼリーとイベリコハムをのせる。

[トマトウォーターのゼリー 仕上がり200ml]
- トマト…約600g
- パールアガー(海藻パウダー)…12g

トマトをざく切りにして、フードプロセッサーにかけてピュレ状にする。

ぬらしたキッチンペーパーをシノワに敷き、トマトのピュレを注いでひと晩静置する。こし取った透明の果汁200mlに対して、パールアガー12gの割合で加え、溶かす。バットに流して冷蔵庫で冷やし固める。

キッシュ

[アパレイユ ピンチョス48個分]
- 卵…1個
- 生クリーム…200ml
- 牛乳(好みで)…30~50ml
- 塩、こしょう

卵、生クリームを混ぜ、塩、こしょうを加える。生地を軽くしたい場合は、牛乳も加える。ディスペンサーに入れると、タルトレットに流し込むのに便利。

[タルトレット]
市販の塩味のタルトカップ(口径約4.5cm、底約3cm、深さ1.5cm)を使用。
自家製する場合は、以下のレシピで。

- 小麦粉…200g
- バター…100g
- 水…100ml
- 塩…1つまみ

小麦粉とバターをすり合わせてそぼろ状にする。塩を加え、水を少しずつ混ぜ、均一な生地にする。ラップフィルムで包んで冷蔵庫で1時間ねかせる。
厚さ2mmにのばし、バター(分量外)をぬったタルトレット型に敷く。同じ型を重石として重ね、190℃のオーブンで空焼きする。

P.82
bacon & onion
ベーコンと玉ねぎ

[ピンチョ1個分の組み立て]
- 玉ねぎのコンフィ(p.122)…小さじ1
- ベーコン…5mmの角切り5~6個
- アパレイユ…5~10g
- タルトレット…1個

タルトレットに玉ねぎのコンフィを盛り、ベーコンを散らす。
アパレイユを入れる。
180℃のオーブンで約10分間焼く。

◆「タルトレットに具を入れ、すき間をアパレイユで埋める」というのがこのキッシュのコンセプト。アパレイユはディスペンサーを使うと、ムダなくスムーズに流し込めます。1個分のアパレイユ量は具のタイプによって変わります。

P.83
catalana
カタラナ

[ピンチョ1個分の組み立て]
- ほうれん草のソテー…小さじ山盛り1
  (にんにく、オリーブ油、塩)
- レーズン(小)…2個
- ブランデー…少量
- 松の実(生)…3~4粒
- アパレイユ…5~10g
- タルトレット…1個

ほうれん草のソテーをつくる。皮つきのにんにくをオリーブ油で炒め、ほうれん草を入れてソテーし、塩をふる。冷ましてから、水気を絞る。レーズンを同量の水で割ったブランデーに浸して、やわらかくする。
ほうれん草をタルトレットに入れ、アパレイユを入れてレーズンと松の実を散らす。180℃のオーブンで約10分間焼く。

P.83
chive & onion
あさつきと玉ねぎ

[ピンチョス1個分の組み立て]
- 玉ねぎのコンフィ(p.122)…小さじ山盛り1
- あさつきのみじん切り…小さじ½
- アパレイユ…5~10g
- タルトレット…1個

タルトレットに玉ねぎのコンフィを盛り、アパレイユを入れる。あさつきを散らす。180℃のオーブンで約10分間焼く。仕上げにあさつきのみじん切り(分量外)を散らす。

P.83
salmon & sour cream
サーモンとサワークリーム

[ピンチョ1個分の組み立て]
- サーモンのマリネ(p.129「サーモンのマリネ」参照)…1cm角のキューブ3個
- サワークリーム…小さじ½
- アパレイユ…5~10g
- タルトレット…1個
- ディル

タルトレットにサワークリームを入れ、サーモンをのせる。アパレイユを入れる。180℃のオーブンで約10分間焼く。ディルをのせる。

P.83
chorizo
チョリソ

[ピンチョ1個分の組み立て]
- チョリソのみじん切り…小さじ山盛り1
- アパレイユ…5~10g
- タルトレット…1個

タルトレットにチョリソを入れ、アパレイユを流す。180℃のオーブンで約10分間焼く。

P.83
anchovy & green olive
アンチョビとグリーンオリーブ

[ピンチョ1個分の組み立て]
- グリーンオリーブ（タネ抜き）…2個
- アンチョビのフィレ…⅛カット2枚
- アパレイユ…5～10g
- タルトレット…1個

タルトレットにグリーンオリーブを入れ、アパレイユを入れ、アンチョビをのせる。180℃のオーブンで約10分間焼く。

P.83
cocido
コシード

[ピンチョ1個分の組み立て]
- パンチェッタ…5mm角切り3個
- チョリソ…5mm角切り3個
- ひよこ豆（水煮、皮をむく）…3個
- 玉ねぎのコンフィ（p.122）…小さじ⅓
- アパレイユ…5～10g
- タルトレット…1個

タルトレットに玉ねぎのコンフィを入れ、パンチェッタ、チョリソ、ひよこ豆をのせて、アパレイユを入れる。180℃のオーブンで約10分間焼く。

P.84
genovese
ジェノヴェーゼ

[ピンチョ1個分の組み立て]
- バジルと松の実のペースト*…小さじ1
- 松の実（生）…5粒
- アパレイユ…5～10g
- タルトレット…1個

タルトレットにバジルと松の実のペーストを入れ、アパレイユを流す。松の実をのせる。180℃のオーブンで約10分間焼く。

[バジルと松の実のペースト　約280g]
- にんにく（3回ゆでこぼす）…100g
- オリーブ油…80g
- 松の実（ロースト）…30g
- バジル（さっとゆでて氷水にとり、水気をきったもの）…30g
- バジル（生）…30g
- パルメザンチーズ…10g

材料を合わせてフードプロセッサーにかける。裏ごしせず、かすかに粒が残る状態で使う。

P.84
onion marmalade
玉ねぎのマーマレード

[ピンチョ1個分の組み立て]
- 玉ねぎのマーマレード（p.122）…小さじ山盛り1
- アパレイユ…5～10g
- タルトレット…1個

タルトレットに玉ねぎのマーマレードを入れ、アパレイユを入れる。180℃のオーブンで約10分間焼く。

P.84
dried tomato
ドライトマト

[ピンチョ1個分の組み立て]
- セミドライトマト*（小角切り）…小さじ1
- ドライトマトペースト*…小さじ½
- アパレイユ…5～10g
- タルトレット…1個

タルトレットにドライトマトペーストを入れ、アパレイユを流して、セミドライトマトを散らす。180℃のオーブンで約10分間焼く。

[セミドライトマト]
- トマト
- オリーブ油

トマトを半分にしてタネを除く。天板に並べ、オリーブ油をかける。低温（70～80℃）のオーブンに約6時間入れて乾かす。完全にドライにしたい場合は、12～18時間入れる。

[ドライトマトペースト]
- セミドライトマト…トマト4個分
- 松の実（ロースト）…20～25g
  （または、ローストしたヘーゼルナッツ8～10個）
- 赤パプリカのエスカリバーダ（p.120）…½個分
- オリーブ油…80ml

材料を合わせ、フードプロセッサーにかける。

P.84
grilled red bell pepper
赤パプリカのエスカリバーダ

[ピンチョ1個分の組み立て]
- 赤パプリカのエスカリバーダ（p.120）
  …細切り5本
- アパレイユ…5～10g
- タルトレット…1個

赤パプリカのエスカリバーダ4本をみじん切りに、1本はタテに2等分する。みじん切りをタルトレットに入れる。アパレイユを流し込み、細切り2本を十字形にのせる。180℃のオーブンで約10分間焼く。

P.84
feta & macadamia nut
フェタチーズとマカデミアナッツ

[ピンチョ1個分の組み立て]
- フェタチーズ…7mm角のキューブ2個
- マカデミアナッツ（生・半割り）…1個
- アパレイユ…5～10g
- タルトレット…1個

フェタチーズとマカデミアナッツをタルトレットに入れ、アパレイユを入れる。180℃のオーブンで約10分間焼く。

P.84
quince marmalade & cheese
かりんのマーマレードとチーズ

[ピンチョ1個分の組み立て]
- かりんのマーマレード*
  …7mm角のキューブ3個
- ソフトタイプの牛乳チーズ
  …7mm角のキューブ2個
- ピスタチオ（ロースト・きざむ）…1個
- アパレイユ…5～10g
- タルトレット…1個

タルトレットにかりんのマーマレード、チーズを入れ、アパレイユを入れる。180℃のオーブンで約10分間焼く。ピスタチオを散らす。

[かりんのマーマレード]
- かりん…5～6個
- グラニュー糖…800g
- レモン汁（好みで）…少量

かりんをきれいに洗い、丸ごと（皮つきのまま）ゆでる。完全にやわらかくなるまで加熱し（約45分間）、取り出して皮をむく。¼にカットして、皮とタネを除く。ミキサーでピュレにする。ピュレ1kgにつき、グラニュー糖800gを鍋に入れ、弱火で煮る。焦げつかないように注意する。しっかり固いペースト状になったら（2時間半～3時間）、火を止める。オリーブ油（分量外）をぬった型に移して冷やす。
パート・ド・フリュイのような状態に固まる。

◆かりんはペクチンの含有量が多いので、煮込むと自然にパート・ド・フリュイ状に固まります。私は煮込む途中で一部を取り出してコンポート状に（30分後）、さらに一部をやわらかめのジャム状に（1時間後）と、つくり分けています。

P.85
prawn ahillo
えびのアヒージョ

[ピンチョ1個分の組み立て]
- えびのアヒージョ*…½尾分
- アパレイユ…小さじ1
- タルトレット…1個
- シブレット（みじん切り）

タルトレットにえびのアヒージョの半量をのせ、アパレイユを入れて残りのえびをのせる。シブレットを散らす。180℃のオーブンで約10分間焼く。

[えびのアヒージョ　ピンチョス16個分]
- アルゼンチンえび…8尾
- オリーブ油…大さじ2
- にんにく（薄切り）…1かけ
- 乾燥赤とうがらし…½本
- 塩、こしょう

えびの頭と殻を取り、身を1cm間隔に切る。オリーブ油でえびの頭と殻を炒める（強火）。約30秒で取り出し、網にのせ、スプーンなどでみそを押し出してこす。
にんにくと乾燥赤とうがらしをオリーブ油で炒め、えびの身を入れる。さっと炒め、塩、こしょう、えびのみそを加えて火を止める。

153

ディップ

P.86〜91
cream cheese plus...
クリームチーズベースの野菜用ディップ

[基本的な組み立て]
ゴムべらで練ってやわらかくしたクリームチーズに食材を加え、均一に混ぜる。以下は、食材とクリームチーズの比率の目安。(FP＝フードプロセッサー)

- バゲットトースト
- 完熟トマト
- クリスタル塩
- EVオリーブ油

トマトを半分に切る。切り口を下にしてつぶしながらバゲットトーストにこすりつける。クリスタル塩をふり、EVオリーブ油をたらす。

[ピンクペッパー]
- 砕いたピンクペッパー…5％
- クリームチーズ…95％

[わさび]
- わさび(チューブ)…20〜30％(好みで)
- クリームチーズ…80〜70％

[梅干し]
- 梅肉…50％
- クリームチーズ…50％

[揚げなす]
- 揚げなす(細かくかくかくきざむ)…60％
- クリームチーズ…40％

[食べるラー油]
- 食べるラー油…40％
- クリームチーズ…60％

[赤みそ]
- 赤みそ…50％
- クリームチーズ…50％

[ミックスハーブ]
- パセリ、ディル、セルフイユ、バジル、しそのピュレ(少量の水とともにFPにかける)…60％
- クリームチーズ…40％

[青じそ]
- 青じそのピュレ(少量の水とともにFPにかける)…60％
- クリームチーズ…40％

[赤パプリカ]
- 赤パプリカのエスカリバーダ(p.120)のピュレ(FPにかける)…60％
- クリームチーズ…40％

[ごま]
- 白ごまを炒ってすったもの…50％
- クリームチーズ…50％

[鶏レバーのパテ]
- 鶏レバーのパテ(p.128参照)…60％
- クリームチーズ…40％

[枝豆]
- 塩ゆでした枝豆のピュレ(FPにかける)…60％
- クリームチーズ…40％

[ブルーチーズ]
- ブルーチーズ…40％
- クリームチーズ…60％

[ヘーゼルナッツ]
- ローストして(または揚げて)塩をふったヘーゼルナッツのピュレ(FPにかける)…50％
- クリームチーズ…50％

[白みそ]
- 白みそ…50％
- クリームチーズ…50％

[辛いチョリソ]
- チョリソのピュレ(FPにかける)…60％
- クリームチーズ…40％

[りんごとセロリ]
- りんごとセロリのみじん切り…60％
- クリームチーズ…40％

[ドライトマト]
- セミドライトマトのみじん切り…40％
- クリームチーズ…60％

[かぼちゃ]
- ゆでたかぼちゃをつぶしたもの…60％
- クリームチーズ…40％

[からすみ]
- からすみのみじん切り…40％
- クリームチーズ…60％

[アンチョビとケイパー]
- きざんだアンチョビ…20％
- ケイパー(小粒)…20％
- クリームチーズ…60％

[いかの塩辛]
- いかの塩辛のみじん切り…40％
- クリームチーズ…60％

[イベリコハム]
- イベリコハムのみじん切り…50％
- クリームチーズ…60％

[濃縮ぽん酢]
- ぽん酢を⅓量に煮詰めたもの…30％
- クリームチーズ…70％

[にんにくチップ]
- にんにくチップを砕いたもの…40％
- クリームチーズ…60％

[黒オリーブ]
- 黒オリーブのピュレ(FPにかける)…60％
- クリームチーズ…40％

P.87
black olive soil
黒オリーブの土

[黒オリーブの土]
- 黒オリーブ(タネ抜き)
- ツナ(缶詰)
- ケイパー

黒オリーブ、ツナ、ケイパーを2対2対1の割合で合わせ、フードプロセッサーにかける。このピュレをオーブンシートを敷いたバットなどに広げ、ウォーマー(または低温のオーブン)に入れて乾燥させる。

P.92
vegetable cubes + red miso dip
野菜のキューブ＋赤みそディップ

[基本的な組み立て]
- 赤みそ…60％
- ライトマヨネーズ(p.118)…40％

好みの野菜(必要なものは適宜加熱する)、焼き豆腐、こんにゃくをキューブ状に切り揃える。赤みそとライトマヨネーズを混ぜ合わせたものを添える。

コルテ

P.94〜96
dip corte
ディップを挟んだコルテ

[基本的な組み立て]
- パンのチップ(直径2.8cmの円形、または1辺2.5cmの正方形)…2枚または3枚
- クリームチーズベースのディップ(「ディップ」項目のバリエーション参照)…適量

同形のパンのチップでディップを挟む。
p.95の「りんごとブルーチーズのコルテ」は、厚さ2mmにスライスして直径2.8cmに抜いたりんご2枚で、ブルーチーズのディップを挟む。

スープもピンチョス

P.99
cocido
コシード

[コシード　仕上がり約1L]
- ひよこ豆（水煮の缶詰）…60g
- 豚ばら肉（塊）…100g
- パンチェッタ（塊）…100g
- ベーコン（細切り）…60g
- チョリソ（小角切り）…40g
- にんにく（つぶす）…2かけ
- 玉ねぎ（薄切り）…小1個
- にんじん（薄切り）…1本
- きゃべつ（薄切り）…60g
- キャベツの芯…50g
- 水…800ml
- オリーブ油、塩、こしょう

ひよこ豆を洗ってにおいを除く。
鍋にオリーブ油、にんにくを入れて軽く炒め、玉ねぎ、にんじん、きゃべつを炒め、ベーコンとチョリソを加えてさっと炒める。豚ばら肉とパンチェッタ、ひよこ豆、きゃべつの芯、水を加えて約15分間煮る（途中、5分間たったらきゃべつの芯を取り出す）。
豚ばら肉、パンチェッタ、きゃべつの芯はそれぞれ1cm角に切る（トッピング用）。
それ以外のものはフードプロセッサーにかけ、シノワに通す。火にかけて温め（濃すぎる場合は水を加える）、塩、こしょうで味をととのえる（スープ）。

[ピンチョ1杯分の組み立て]
- コシード（スープ）…25ml
- 豚ばら肉、パンチェッタ、きゃべつの芯
  …1cm角のキューブ各1個
- みず菜
- EVオリーブ油

温めたコシードをカップに入れる。トッピング用の3素材を串に刺して添える。みず菜をのせ、EVオリーブ油をかける。

◆コシードはスペインの伝統的な煮込み料理。フードプロセッサーにかけてポタージュ風のスープに仕立てています。メインの具まる豚肉のうち、パンチェッタときゃべつ（芯）だけは串に刺して別添えし、スープが少量なので、咀嚼する要素を加えることで「食べた印象」を強調します。

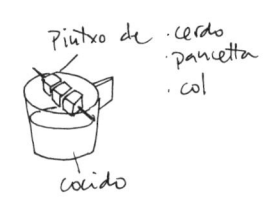

P.99
salmorejo
サルモレホ

[サルモレホ　仕上がり800～900ml]
- トマト…300g
- フルーツトマト…120g
- 固くなったバゲット（白い部分）…120g
- にんにく…2かけ
- EVオリーブ油…150ml
- ミネラルウォーター…200ml（トマトの水分に応じて調整する）
- 白ワインヴィネガー…適量
- 塩

白ワインヴィネガーと塩以外のすべての材料を合わせてフードプロセッサーにかける。
酸味を確認して、少しずつワインヴィネガーを加えて調整する。塩で味をととのえる。

[ピンチョ1杯分の組み立て]
- サルモレホ…25ml
- 固ゆで卵…⅛個
- イベリコハム…小片1枚
- EVオリーブ油

サルモレホをカップに入れ、裏ごししたゆで卵の黄身、きざんだ白身、イベリコハムを浮かべる。EVオリーブ油をたらす。

◆アンダルシア料理のサルモレホは、パンでつないだトマトスープ。ゆで卵と生ハムをトッピングするのが定型です。本来はかなり「もったり」としたものですが、ピンチョスパーティー用にはスプーンなしで飲めるよう、少し薄めに仕上げます。様子をみてパンの量を加減してください。

P.99
garlic soup
にんにくのスープ

[にんにくのスープ　仕上がり約800ml]
- にんにく（薄切り）…3かけ
- 固くなったバゲット（スライス）…150g
- オリーブ油…50ml
- パプリカパウダー…小さじ⅓
- 水…800ml
- ライトアイオリ（p.119）…大さじ2
- 塩

オリーブ油でにんにくとバゲットをごく弱火でじっくりと炒める（約20分間）。焦げないうちにパプリカパウダーと水を加え、泡立て器でつついてパンをつぶす。蓋をして、10～15分間弱火で煮る。塩で味をととのえ、フードプロセッサーにかける。シノワに通す。
提供間際に温め、ライトアイオリを加える。冷やして提供してもよい。

[ピンチョ1杯分の組み立て]
- にんにくのスープ…25ml
- トルティージャのクルトン…少量
- 生ハム（セラーノ・極細切り）…少量
- シブレット（みじん切り）…少量
- EVオリーブ油

トルティージャ生地を揚げて、砕く。
にんにくのスープをカップに入れ、トルティージャのクルトン、生ハムを浮かべる。シブレットを散らし、EVオリーブ油をたらす。

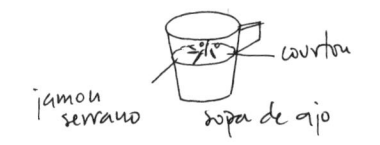

P.100
white corn soup
白いコーンスープ

[白いコーンスープ　仕上がり約800g]
- とうもろこしの粒（生）…500g
- 牛乳…400ml
- バター…10g
- 塩

とうもろこしの表面を包丁で削り、粒を切り取る。これを、バターを加えた牛乳でゆでる。フードプロセッサーにかけ、塩で味をととのえる。エスプーマの容器に入れ、ガスを充填する。

[ピンチョ1杯分の組み立て]
- 白いコーンスープ…25～30ml
- ポップコーン（市販品）…1～2個
- 砕いたジャイアントコーン（市販のスナック）

エスプーマからスープをカップに絞り出す。砕いたジャイアントコーンを散らし、ポップコーンをのせる。

P.100
gazpacho
ガスパチョ

[ガスパチョ　仕上がり450ml]
- トマト…200g
- フルーツトマト…100g
- 赤パプリカ…80g
- きゅうり（皮をむいたもの）…60g
- 玉ねぎ…20g
- にんにく…1かけ
- シェリーヴィネガー

白ワインヴィネガー以外の材料を合わせて、ミキサーにかける。冷やしておく。
提供直前に、好みでシェリーヴィネガーを少量加える。

[ピンチョ1杯分の組み立て]
- ガスパチョ…25ml
- EVオリーブ油
- ワインヴィネガー
- スイカのキューブ（1cm角）…1個
- クルトン（1cm角）…1個

1cm角に切った食パンを揚げ、すぐに塩をふる。ガスパチョをカップに入れ、EVオリーブ油をたらす。スイカとクルトンを串に刺して添える。

味と濃度をチェックして、濃すぎる場合は水を加えて調整する。塩、こしょうで味をととのえる。

P.100
edamame and asparagus soup
枝豆とアスパラガスのスープ

[枝豆とアスパラガスのスープ　仕上がり約400ml]
- アスパラガス（斜め薄切り）…6本
- 塩ゆでした枝豆…100g
- にんにく…1かけ
- 玉ねぎ（薄切り）…20g
- オリーブ油…大さじ1
- 水…300ml
- 牛乳（好みで）
- 塩

オリーブ油でにんにくと玉ねぎを炒め、しんなりしたらアスパラガスを入れてさらに5分間ほど炒める。
ゆでた枝豆、水を加えて6〜7分間煮る。塩を加える。フードプロセッサーにかけ、シノワでこす。
味見して塩で味をととのえる。ここで牛乳を適量加えてもよい。冷やしておく。

[ピンチョ1杯分の組み立て]
- 枝豆とアスパラガスのスープ…25ml
- ほうれん草のピュレ…小さじ½
- 塩ゆでした枝豆…1粒
- 塩ゆでしたグリーンアスパラガス
  …1.5cmのカット1個
- シブレット（みじん切り）
- クリスタル塩

スープをカップに入れ、ほうれん草のピュレ（ほうれん草を塩湯でさっとゆでて氷水にとって絞り、ゆで汁少量とともにミキサーにかけ、シノワでこしたもの）を浮かべる。枝豆とグリーンアスパラガスを串に刺して添える。シブレットとクリスタル塩を少量散らす。

sopa de Edamame y esparragos

P.101
vichyssoise
ヴィシソワーズ

[ヴィシソワーズ　仕上がり500〜600ml]
- にんにく（薄切り）…2かけ
- ポロねぎ（薄切り）…160g
- 玉ねぎ（薄切り）…40g
- じゃがいも（粗切り）…100g
- もどしたバカラオの皮（あれば）…30g
- 水…400ml
- オリーブ油…大さじ2
- 塩、こしょう

にんにくをオリーブ油で炒め、ポロねぎ、玉ねぎを加えてゆっくりと炒める。しんなりとしたら、じゃがいも、もどしたバカラオの皮、水を加え、蓋をしてやわらかくなるまで煮る（15〜20分間）。
煮汁ごとフードプロセッサーに軽くかける。ねばりが出るので長く回さないこと。シノワでこす。味と濃度をチェックして、濃すぎる場合は水を加えて調整する。塩、こしょうで味をととのえる。

[ピンチョ1杯分の組み立て]
- ヴィシソワーズ…25ml
- もどしたバカラオのほぐし身（p.134「バカラオのエスケイシャダ」参照）…1つまみ
- 生クリーム…少量
- シブレット（みじん切り）

ヴィシソワーズをカップに入れ、5分立てにした生クリームとバカラオを浮かべる。シブレットを散らす。

chive / crema / Bacalao / Porrusalda

P.101
ajo blanco, almond & garlic soup
アホブランコ

[アホブランコ　仕上がり約600ml]
- にんにく…3かけ
- アーモンドスライス（生・皮むき）…400g
- ミネラルウォーター…500ml
- シェリーヴィネガー…小さじ1

にんにくを半割にして芯を除き、3回ゆでこぼす。
にんにく、アーモンド、ミネラルウォーターをミキサーにかける。できるだけアーモンドを細かくして、目の細かいシノワでこす。提供時まで冷やしておく。提供間際にシェリーヴィネガーを加える。

[ピンチョ1杯分の組み立て]
- アホブランコ…25ml
- デラウェアぶどう…5〜6粒
- EVオリーブ油

皮をむいたデラウエアをカップに入れ、アホブランコを注ぐ。EVオリーブ油をたらす。

aceite de oliva / uva "delawea" / ajo blanco

P.101
beetroot soup
ビーツのスープ

[ビーツのスープ　仕上がり約500ml]
- ビーツ（粗切り）…150g
- にんにく（薄切り）…1かけ
- 玉ねぎ（みじん切り）…40g
- オリーブ油…小さじ1
- 水…400ml
- 塩、こしょう
- 牛乳…約30ml（好みで）

にんにくをオリーブ油で炒め、玉ねぎを加えて炒める。しんなりしたらビーツを加え、軽く炒めて水を加え、蓋をして煮る（約20分間）。串を刺してやわらかくなっていたら火からおろす。

トッピング用に少量のビーツを取り分けて、残りをゆで汁ごとミキサーにかける。シノワでこす。塩、こしょうで味をととのえる（マイルドにしたければ、牛乳を足すとよい）。冷やす。
取り分けたビーツは、裏ごししてピュレにする。

[ピンチョ1杯分の組み立て]
- ビーツのスープ…25ml
- ビーツのピュレ…小さじ⅓
- 生クリーム…少量

ビーツのスープをカップに入れ、5分立てにした生クリームとビーツのピュレを浮かべる。

crema / sopa de remolacha

棒付きサブレ

P.104～105

[プレーン　ピンチョス約36個分]
- 強力粉…130g
- パルメザンチーズ(すりおろす)…130g
- バター…70g

バターはあらかじめサイコロ大に切って冷凍しておく。
強力粉とパルメザンチーズを混ぜ合わせる。バターとともにフードプロセッサーに入れ、撹拌する(手ですり混ぜてもよい)。
ラップフィルムに包んで、冷蔵庫で30分以上休ませる(A)。
シリコン製の専用型(ルクエ社製「ピンチョスサークル」を使用)に串をセットし、生地を詰める。
160℃のオーブンで12～14分間焼く。
オーブンから取り出し、生地にシリコン製シートをかぶせて軽くひと押ししてから冷ます。

[味つけバリエーション]
生地(A)に、ピュレなどの具を手早く混ぜる。
ざっと混ぜたらすぐにプレーンと同様に型に詰めて焼く。
以下が、おおよその配合比(容量)。

[黒オリーブ]
- 生地…70%
- 黒オリーブのピュレ…30%

[ラー油]
- 生地…80～90%
- 食べるラー油…10～20%

[マンチェゴチーズ]
- 生地…70%
- マンチェゴチーズ(包丁で細かくきざむ)
  …30%

[バジルと松の実]
- 生地…70%
- バジルと松の実のペースト
  (p.153「ジェノヴェーゼ」参照)…30%
- サブレ1枚につき2～3個の松の実(生)

[グリーンオリーブ]
- 生地…70%
- グリーンオリーブ(細かくきざむ)…30%

[アンチョビ]
- 生地…80%
- アンチョビのフィレ(1/10カット)…20%

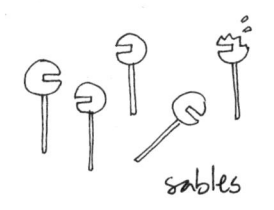

sables

ひとくちのお菓子

P.110
florón, "Marina"
フロロン

[生地　約600g分]
- 薄力粉…350g
- 卵…6個
- グラニュー糖…130g
- アニスリキュール…15ml
- 水または牛乳…80ml
- 揚げ油
- 粉糖

卵とグラニュー糖をボウルに入れ、よく混ぜる(泡立つくらいまで)。ふるった薄力粉、アニスリキュールを加え、水または牛乳を少しずつ加え混ぜる。
揚げ油を160℃に熱し、花びら形の専用器具を浸ける。充分に熱してからボウルに浸して生地をつけ、再度油に入れる。生地に火が入ると、器具からはずれるので、裏返し、きつね色になるまで揚げる。
油をきって粉糖をふりかける。

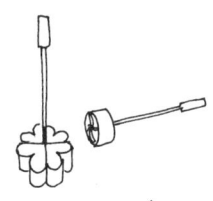

molde de florón

P.111
polvorón
ポルボロン

[50～60個分]
- 薄力粉…240g
- コーンスターチ…100g
- アーモンドパウダー…95g
- ラード…50g
- ショートニング…100g
- アーモンドペースト…30～40g

フライパンで薄力粉をきつね色になるまで炒る。コーンスターチ、アーモンドパウダーを加え、さらに炒る。アーモンドの香りが出てきたら火から下ろし、バットなどに広げて冷ます。粉糖を合わせ、ふるう(A)
ボウルにラード、ショートニング、アーモンドペーストを合わせて混ぜ、Aを加えて、生地が均一になるまで練る。
適当なサイズの型に移し、(手で押しながら)すき間なく詰める。冷蔵庫で冷やす。
固まったら取り出し、少し常温にもどして2.5cm×2.5cm×厚さ1cmに切り分ける。再び冷やす。

P.111
santiago cake
サンチャゴケーキ

[約40個分]
- アーモンドパウダー(ロースト)…350g
- グラニュー糖…350g
- 卵…6個
- レモンの皮…1/2個分
- シナモンパウダー…小さじ1
- オルホ(ハーブのリキュール)…大さじ1

レモンの皮をマイクロプレーンで薄く削る。
ボウルに卵とグラニュー糖を合わせ、充分に混ぜる。アーモンドパウダー、レモンの皮、シナモンパウダー、オルホを加えて混ぜる。
型(1ピースがタテヨコ3.5cm、深さ1cmのシリコン製のものを使用)に生地を入れ、180℃のオーブンで15～20分間焼く。
冷めたら取り出し、十字架の形に切り抜いた紙をのせて、粉糖をかける。

◆巡礼地サンチャゴ・デ・コンポステーラの名物ケーキです。小麦粉をまったく使わないところがポイントです。必須ではありませんが、生地をしっとりさせたいのでハーブのリキュールを加えました。レモンのリキュールでもよいと思います。

tarta de santiago

P.111
membrillo monaka
かりんのマーマレードの最中

[基本的な組み立て]
- 最中の皮(ミニサイズ・市販品)
- かりんのマーマレード(p.153「かりんのマーマレードとチーズ」参照)
- サワークリーム

ほぼ同量のかりんのマーマレード、サワークリームを最中の皮で挟む。

monaka

P.111
pâte de fruits
パート・ド・フリュイ

◆カラフルなパート・ド・フリュイ(市販品を使用)は、パーティーのスイーツにぴったり。2種類をカットして切り口を合わせると、きれいにつきます。

パネイェッツ

panellets

P.112
panellet with pine nuts
松の実をまぶしたパネイェッツ

[基本の生地　約28個分]
- アーモンドパウダー…200g
- じゃがいも（メークイン）のピュレ…100g
- グラニュー糖…150g

じゃがいもを皮つきのままゆでる。皮をむいてボウルに入れ、フォークでつぶしながら、アーモンドパウダー、グラニュー糖を加え混ぜる。

[ピンチョ1個分]
- 基本の生地…12g
- 松の実(生)…5g

生地を小さなボール状に丸め、松の実をまぶして、オーブンで軽く焼く。

◆私のふるさとでは、10月31日の聖日にこのお菓子を食べます。生地はアーモンドパウダーにじゃがいも（またはさつまいも）を混ぜるのが基本ですが、ナッツをヘーゼルナッツやくるみに代えたり、いもをかぼちゃやにんじんに代えることもできます。アーモンドの量を増やせば、香りとコクが強くなり、いもを増やせばソフトでやさしいテクスチャーになるので、比率は好みで加減してください。

P.113〜114
[生地のアレンジ]
- アーモンドパウダー…200g
- さつまいも（または紫いも、かぼちゃ、にんじん）のピュレ…100g
- グラニュー糖…70〜100g

つくり方は基本と同じ。いも類の糖分に応じて、グラニュー糖の量を加減する。
1個分約12g（何かを包む場合は8gで具を包んで）ボール状に丸める。またはアーモンド形、キューブ状などにする。

[トッピングやフィリングのアレンジ]
- アーモンドのせ
  …アーモンド(生)1粒を生地にのせ、オーブンで軽く焼く。粉糖をふる。
- かりんのマーマレードのせ
  …かりんのマーマレード(p.153)の薄切りを生地にのせ、粉糖をふる。
- ドライフルーツのせ
  …ドライフルーツと数種のナッツの粗切りを生地にのせ、オーブンで軽く焼く。ナパージュをかける。
- ピスタチオまぶし
  …ピスタチオ(生)の粗切りを生地にまぶしつけ、オーブンで軽く焼く。ナパージュをかける。
- チョコレートがけ
  …溶かしたチョコレートを生地にかけて冷やす。
- プラリネまぶし
  …アーモンドのプラリネを生地にまぶし、オーブンで軽く焼く。
- チョコレート包み
  …チョコレートの小さな塊を生地で包む。粉糖をまぶす。
- アーモンドチョコ入り
  …アーモンドチョコレート1粒を生地で包む。抹茶パウダーをかける。
- かりんのマーマレード巻き
  …生地をラップフィルムで挟んでめん棒でのばし、かりんのマーマレード1カットを巻く。オーブンで軽く焼く。
- 甘栗包み
  …甘栗を生地で包み、栗の形にする。"底"の部分にくるみのパウダーをまぶす。
- 紫いものパネイェッツ
  …紫いもベースの生地をラップフィルムで挟んでめん棒でのばし、かりんのマーマレード1カットを巻く。オーブンで軽く焼く。

P.115
shiratama flour panellets
白玉粉のパネイェッツ

[基本の生地]
- 白玉粉…130g
- 上新粉…20g
- グラニュー糖…35g
- 水…120ml
- オリーブ油…10ml

粉類とグラニュー糖をボウルに合わせ、少しずつ水を加えながら混ぜる。均一になったらオリーブ油を加え混ぜる。

[アーモンドまぶし]
- 基本の生地…12g
- アーモンド(生)…3g
- 揚げ油

アーモンドを細かくきざむ。生地をボール状に丸める。いったん水にくぐらせて表面にアーモンドをまぶす。170℃の油で揚げる。

[トッピングやフィリングのアレンジ]
- かりんのマーマレード入り
  …かりんのマーマレード(p.153)の角切りを生地で包む。水にくぐらせてローストピスタチオの粗切りを表面にまぶしつけ、揚げる。
- 甘栗入り
  …甘栗を生地で包み、水にくぐらせて炒りごまをまぶしつけ、揚げる。
- アーモンドチョコ入り
  …アーモンドチョコレート1粒を生地で包み、水にくぐらせてモルトパフをまぶしつけ、揚げる。

Dip

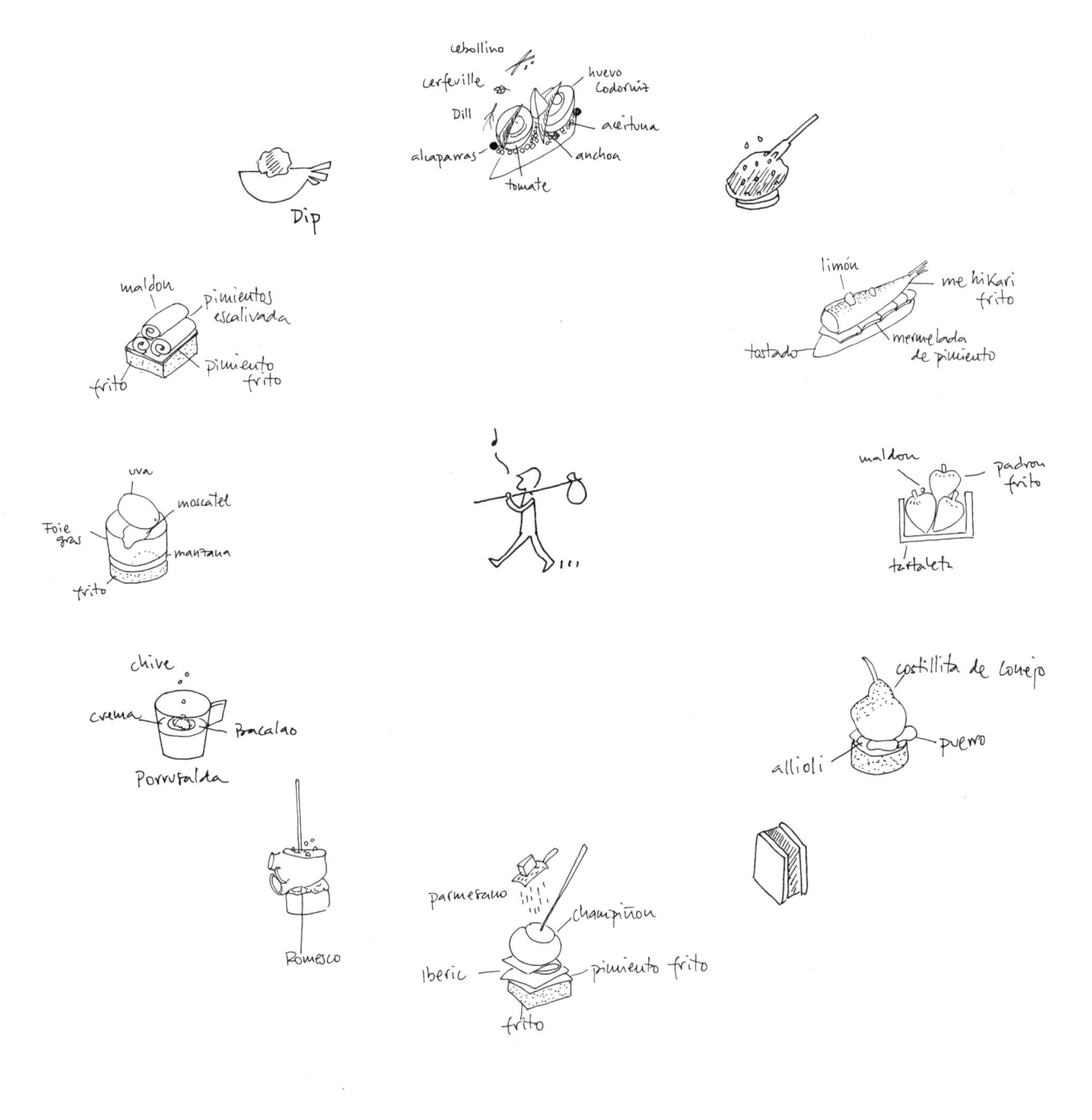

cebollino
cerfeuille
Dill
alcaparras
tomate
huevo codorniz
aceituna
anchoa

maldon
pimientos escalivada
frito
pimiento frito

limón
me hikari frito
tostado
mermelada de pimiento

uva
moscatel
Foie gras
manzana
frito

maldon
padron frito
tartaleta

chive
crema
Bacalao
Porrusalda

costillita de conejo
allioli
puerro

Romesco

parmesano
champiñon
Iberic
pimiento frito
frito

ピンチョス360°
all about finger food

初版発行　2013年3月1日
10版発行　2024年5月30日

著者©　ホセ・バラオナ・ビニェス
発行者　丸山兼一
発行所　株式会社　柴田書店
　　　　〒113-8477
　　　　東京都文京区湯島3-26-9
　　　　イヤサカビル
　　　　電話　営業部　03-5816-8282（注文・問合せ）
　　　　　　　書籍編集部　03-5816-8260
　　　　URL　https://www.shibatashoten.co.jp
印刷・製本　TOPPAN株式会社

本書収録内容の無断掲載・複写（コピー）、
引用・データ配信等の行為は固く禁じられています。
乱丁・落丁本はお取替えいたします。

ISBN 978-4-388-06164-8
Printed in Japan